スポーツビジョン
医科学教本

Sports Vision Medical Science

改訂版

はじめに

　スポーツ競技においてアスリートは周囲の情報をさまざまな感覚器官から入力し、競技の目的に合わせてパフォーマンスしています。そのなかで眼は最も重要な情報入力器官です。視機能の状態により取り込む情報の質に差が生まれ、スポーツでのパフォーマンスに大きな影響を与えます。

　最近の脳科学の進歩に伴い、「見る」という行為は脳で行われていると考えられています。つまりアスリートの視覚は視機能の側面だけでなく、認知機能、脳機能、運動機能などを合わせて総合的に分析する必要があると考えています。

　スポーツ選手の視覚能力や視覚と身体機能の結びつきを最大限に発揮させ、最高のパフォーマンスを発揮させるためには、スポーツと視覚の関係を医学、脳科学、生理学、心理学や体育学などさまざまな分野から総合的な研究が必要とされます。その新しい分野が"スポーツビジョン"です。

　スポーツビジョンの研究は、競技力の向上を図るだけでなく、スポーツ眼外傷を減少させ、また新たな視機能や視覚能力が解明できる機会になることも期待されます。

『スポーツビジョン医科学教本』は、医学的な眼の構造・機能、スポーツによる眼外傷、日本スポーツビジョン協会が考案したスポーツビジョン測定など、スポーツと視覚に関する基本的な知識、調査・研究情報、そして最新のトピックスなどが凝縮されています。

　さまざまな分野でスポーツ・視覚に携わる方々に、スポーツビジョンに興味を持っていただき、多くの方々の創造性と情熱を融合して共に未解明な分野を開拓していきたいと思っています。

　スポーツという特殊な状況での視覚能力や視覚と身体の関連性が体系的に研究されることで、スポーツ分野だけでなく、日常生活における私たちの活動、子どもたちの発育、高齢者の健康などに寄与し、「全ての人が、自分の最大限のパフォーマンスを発揮して生きる」というビジョンの可能性が拡がっていくことを期待しています。

一般社団法人　日本スポーツビジョン協会

はじめに

第1章 眼の知識 ・・・・・・・・・ 1

眼球の構造・・・・・・・・ 2

眼球付属器・・・・・・・・ 8

コラム 学校環境衛生基準・・・・・・・・・ 17

第2章 屈折異常 ・・・・・・・・・・・ 19

近視の分類・・・・・・・・・ 21

近視の進行予防・・・・・・・・・ 23

近視の矯正・・・・・・・・・ 25

その他の矯正・・・・・・・・・ 27

コラム 色覚検査・・・・・・・・・ 35

第3章 スポーツの眼外傷 ・・・・・・・・ 37

学校体育的部活動の負傷・疾病・・・・・・・・・ 38

スポーツでなぜ眼部を打撲するのか・・・・・・・・・ 56

スポーツ眼外傷の予防・・・・・・・・・ 58

第4章 スポーツと視機能 ・・・・・・・・ 61

スポーツにおける視覚の重要性・・・・・・・・・ 62

スポーツビジョントレーニングの考え方・・・・・・・・・ 82

スポーツビジョンのエビデンス・・・・・・・・・ 88

コラム 疲労と脳の関係・・・・・・・・・ 90

第5章 年齢と眼の機能 · · · · · · · · · · · · 93

園児、児童、生徒の視力 · · · · · · · · · · 94

視力と加齢 · · · · · · · · · · 100

コラム　反応と加齢 · · · · · · · · · · 103

参考文献

一般社団法人 日本スポーツビジョン協会は、スポーツという特殊な状況での視覚能力や視覚と身体の関連性を体系的に研究すると共に、スポーツ分野だけでなく、日常生活における私たちの活動、子どもたちの発育、高齢者の健康などに寄与し、「全ての人が、自分の最大限のパフォーマンスを発揮して生きる」というビジョンの可能性が拡がっていくための活動をおこなっています。

一般社団法人 日本スポーツビジョン協会

事務局：〒154-0023　東京都世田谷区若林 1-20-11

　　　　東京メガネ本部ビル 4 階

　　　　電話：03-6825-6226

　　　　svc@sports-vision.jp

　　　　www.sports-vision.jp

第1章

眼の知識

眼球の構造

眼球（がんきゅう）

　　眼球は視覚（しかく：眼を受容器とする感覚）をつかさどる一対の球状の器官で、外部の情報を視神経に伝える（図1）。視神経に伝えられた情報は脳で認識する。人間はさまざまな感覚器によって外部から情報を得ているが、情報のうち80％以上を視覚から得ている。

角膜（かくまく）

　　角膜は前方にある血管のない透明な膜で「黒目」にあたる（図1）。外部の光を眼球内へと透過させ、屈折させる働きがある。

強膜（きょうまく）

　　強膜は角膜とつながっているが、透明でなく白色で「白目」にあたる。眼球の最も外側にあり、光をあまり通さない強膜の内側に脈絡膜があり、一番内側の部分に網膜がある。強膜の内側に脈絡膜があり、一番内側の部分に網膜がある（図1）。

　　角膜と強膜で眼球を包み、球状を保っている。

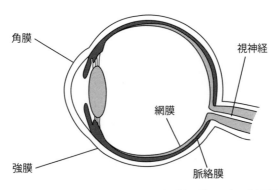

図1　角膜、強膜、視神経（眼球［右眼］の水平断面図）

ぶどう膜（ぶどうまく）

強膜の内側にある、虹彩、毛様体、脈絡膜の３つの部分の総称を
ぶどう膜という（図２）。

虹彩（こうさい）

水晶体の前方にあり、日本人では「黒目」の中で「茶目」にあた
るドーナツ状の部分を虹彩という（図３）。周囲の明るさに応じて、
眼に入る光の量を調節する。

毛様体（もうようたい）

毛様体は眼球の前方で、虹彩と脈絡膜につながっている（図２）。
毛様体はチン小帯で水晶体を支えている（図５）。毛様体は輪状の
筋肉で、チン小帯と協力して伸縮することで水晶体の厚さを変化さ
せる。

脈絡膜（みゃくらくまく）

強膜の内側に密着している、血管が密集した組織を脈絡膜という
（図２）。脈絡膜は、網膜（図７）に栄養を送っている。

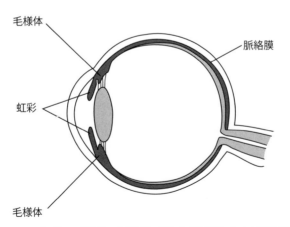

図２　虹彩、毛様体、脈絡膜（眼球［右眼］の水平断面図）

瞳孔（どうこう）

　　虹彩の中央部を瞳孔という（図3、4）。明るいところでは小さく、暗いところでは大きくなり、外部から入る光の量を調節している。

　　瞳孔は、興奮や感動によって拡大し、睡眠中は縮小している。また瞳孔の大きさは若いときは大きく、加齢に伴って小さくなる。

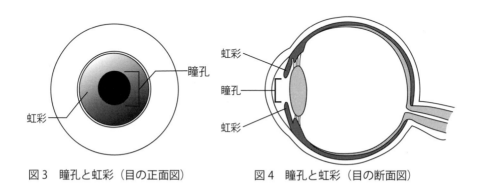

図3　瞳孔と虹彩（目の正面図）　　　　図4　瞳孔と虹彩（目の断面図）

対光反応（たいこうはんのう）

　　眼内に光を入れたときに瞳孔が縮小する現象で、生きているときにしか起こらない。これを対光反応という。光反応、光反射ともいう。光を当てた瞳孔が縮小することを直接対光反応といい、反対の瞳孔が縮小することを間接対光反応という。

▷**虹彩認証**　虹彩の模様は皺（しわ）の一種で、生後2歳までの間にできあがり、その後は変化しない。この模様は、指紋と同様に個人特有のものであり、同じ人でも左右で異なり、一卵性双生児でも異なる。

　　近年、この虹彩の模様をデジタルデータに変換し、個人を特定するという虹彩認証システムが実用化されてきた。

　　また、虹彩から読み取れる情報から、健康状態を確認したり、病気の予防につなげるという虹彩解析という試みも行われている。

水晶体（すいしょうたい）

　水晶体は成分の60％以上が水で、外部から入ってくる光を屈折させるレンズの役目をしている。単に光を屈折させるだけでなく、紫外線を吸収し目を守る働きもある。

チン小帯（ちんしょうたい）

　チン小帯は毛様体と水晶体の間を結んで、水晶体を支えている（図5）。チン小帯は、毛様体の筋肉（毛様体筋）と協力して伸縮することで水晶体の厚さを変化させ、遠近の調節を行っている。

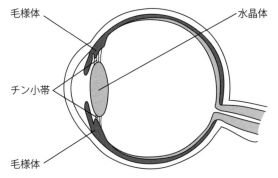

図5　水晶体、チン小帯、毛様体（眼球［右眼］の水平断面図）

調節作用

　遠くや近くを見るとき、遠近に応じて目の焦点を合わせる働きを、調節作用という。

▷**遠くのものを見るとき**（6.5m以上）　毛様体筋が弛緩（しかん）して、チン小帯が外側に引っ張られるため、水晶体が薄くなる。

▷**近くのものを見るとき**（6.5m未満）　毛様体筋が緊張して、チン小帯がゆるむため、水晶体が厚くなる。

房水（ぼうすい）

　角膜と虹彩の間、水晶体より前を前眼房（ぜんがんぼう）、虹彩と水晶体の間を後眼房（こうがんぼう）という（図6）。前眼房と後眼房は房水という液で満たされている。房水は血管のない角膜や水晶体に栄養を与えている。

眼圧（がんあつ）

　眼球内は一定の圧力を保っており、この圧力を眼圧という。房水は眼圧の調整をしている。眼圧を保つためには、房水のつくられる量と排出される量を一定に保つ必要があり、房水は隅角（ぐうかく）という部分にあるシュレム管から外へ排出される。（図6）。

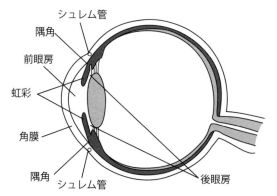

図6　前眼房、後眼房、隅角（眼球［右眼］の水平断面図）

▷**眼圧が異常に上昇した場合**　視神経が障害されやすくなり、緑内障（りょくないしょう）になるリスクが高まる。

▷**眼圧が異常に低下した場合**　低眼圧（ていがんあつ）という。

硝子体（しょうたい）

硝子体は99％が水のゼリー状で、眼球内部の大部分を占めている。眼球の形状を維持し、光を屈折させる役割がある（図7）。

網膜（もうまく）

網膜は一番内側の部分で、ここに映った視覚的な情報が視神経を伝わり、脳に送られて認識される。網膜の中心部を黄斑部（おうはんぶ）といい、その中心を中心窩（ちゅうしんか）という（図7）。

盲点（もうてん）

網膜の、視神経が入ってくる部分を盲点、または視神経乳頭（ししんけいにゅうとう）という（図7）。

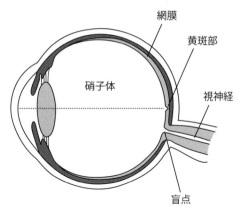

図7　硝子体、網膜、盲点（眼球［右眼］の水平断面図）

▷**明順応、暗順応**　暗いところから急に明るいところに移動したとき、最初は眩しさを感じるがしばらくすると明るさに慣れる。このことを明順応（めいじゅんのう）という。逆に明るいところから急に暗いところに移動すると、最初は見えにくいがしばらくすると暗さに慣れることを暗順応（あんじゅんのう）という。これらを光の強さに対する、網膜の感覚順応という。

眼球付属器

眼瞼（まぶた、がんけん）

　眼瞼は眼球の表面を覆い、外傷や乾燥から守る役割がある。眼瞼の上方には眉毛（まゆげ）があり、額からの汗が眼に入らないようにしている。上下眼瞼のふちには睫毛（まつげ）があり、ほこりや異物の侵入を防いでいる。

結膜（けつまく）

　結膜は、強膜の表面と眼瞼の内側を結ぶ薄い柔らかい膜で、袋状につながっている（図8）。結膜には、眼瞼と眼球が動きやすくする役割がある。

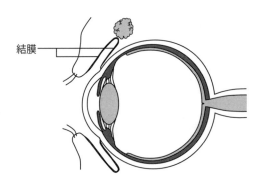

結膜

図8　結膜（眼球を横から見た断面図）

涙器（るいき）

　涙を分泌、排出する器官を涙器という。涙は眼瞼の目尻の上にある涙腺（るいせん）から分泌され、眼球の表面を潤している。涙には、乾燥を防ぐ、目に入ったゴミを洗い流す、角膜、結膜に栄養や酸素を送る、など大切な役割がある。涙を鼻腔（びこう）へ排出する部分を涙道（るいどう）という。

外眼筋（がいがんきん）

　眼の筋肉には外眼筋と内眼筋（ないがんきん）がある。眼球内にある毛様体と虹彩の筋肉を、内眼筋という。

　眼球を色々な方向に動かす、上直筋、下直筋、外直筋、内直筋、上斜筋、下斜筋、この6本の筋肉の総称を外眼筋という（図9）。

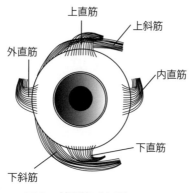

図9　外眼筋（右目）

眼窩（がんか）

　眼球が入っている、くぼみの内側を眼窩という。眼窩の床に当たる部分を眼窩底（がんかてい）という（図10）。

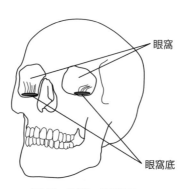

図10　眼窩、眼窩底

9

視野（しや）

　　正面を見たときに眼球を動かさないで、見える空間の範囲を視野という。視野の中で、最も感度の高い中心視（図12）で見る能力を視力という。

視野の範囲（しやのはんい）

　　正常な視野の範囲は、上側60°、下側70°、耳側100°、鼻側60°といわれている（図11）。

　　人間は誰でも、見ようとする注視点より右側に約15°のところに視野の欠けている部分があり、ここを盲点（マリオットの盲点※）という。盲点は網膜の視神経乳頭に当たる部分で、ここには網膜がないため光が当たっても感じることができない。

※盲点は、エドム・マリオット（フランスの物理学者）に発見されたため、マリオットの盲点ともいう。

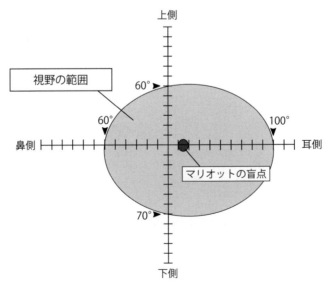

図11　視野の範囲（右眼）

中心視（ちゅうしんし）

　視野は左右にそれぞれ100°くらいあるが、視野の中で必要なものの色や形を明確に識別できるのは、注視点から1〜2°の範囲しかなく、これを中心視という（図12）。

有効視野（ゆうこうしや）

　中心視の周りで、必要なものを識別できる4〜20°の範囲を、有効視野という（図12）。有効視野の広さは、注視点の周りに出現したものにいかに早く気づくかという認知率と、注視点からどれくらい離れた点に気づくかという広さの2つの要因に関与している[1]。

周辺視野（しゅうへんしや）

　中心視と有効視野以外の視野の範囲を、周辺視野という（図12）。周辺視野は、ぼんやりと見えていてもあまり意識が集中していない。そのため、動くものは認識しやすいが、動かないものは認識しにくい。

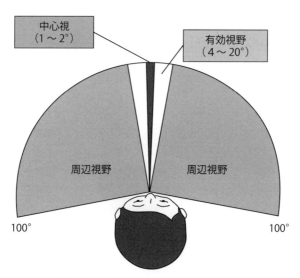

図12　中心視、有効視野、周辺視野

両眼視の定義

　　両眼視は、右眼の視覚と左眼の視覚が大脳の視覚中枢で同時に認識される感覚と定義される[2]。

　　両眼視機能が正常の場合は、左右のそれぞれの視覚（単眼視）は個々に認識（同時視）されるが、両眼視野は右眼の視野と左眼の視野が重なった部分で、周辺視野の融像（両眼単一視）が行われる（図13）。

両眼視の発達に必要な要素

　　日常視において両眼視を可能にするには、①両眼の視力に大きな差がない、②両眼の網膜像の大きさに大きな差がない（大きな不等像視がない）、③顕性の斜視がなく、外界の視物が同時に両眼の中心窩に投影される、④各眼の中心窩は、それぞれ同一の局在値をもつ（正常網膜対応がある）、⑤視覚中枢に両眼視細胞が存在する。

　　以上5つの必要要素があり、逆にその要素がなければ、両眼視は発達しない[3]。

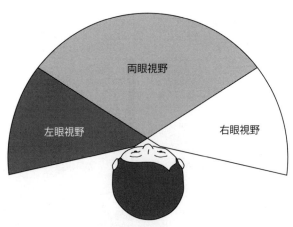

図13　両眼視野（文献1より）

視力（しりょく）

　　視力とは、必要なものの色や形を明確に認識できる能力で、一般にいわれる視力とは、網膜の黄斑部（中心窩）の視力で、中心視（図12）のことである。視力検査は、２点または２線を識別できる能力を測定する。

視力の単位（しりょくのたんい）

　　直径7.5mm、太さ・切れ目の幅が1.5mmのランドルト環を単位視標という（図14）。この単位視標の切れ目の方向を、５m離れた位置から認めることができて、かつ５mより離れるとわからず５mからそれより小さい視標の切れ目の方向がわからないとき、視力は1.0となる。

　※視力は、２点（または２線）が離れていることを識別できる一番小さな角度で表す。単位視標（ランドルト環）の切れ目の角度（視角）は１分（１°の1/60の角度）で、この切れ目の方向を認めることができれば、視力は1.0となると決められている。

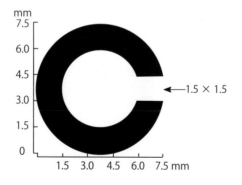

図14　単位視標（ランドルト環）

屈折力（くっせつりょく）

　　眼の屈折力は、主に角膜と水晶体の屈折力からなっている。光は、まず角膜で大きく屈折し、さらに水晶体で屈折され網膜上で像を結ぶ。網膜に映った像は視神経を通って脳に伝達されて認識する。

調節（ちょうせつ）

　　角膜は屈折力を変えることはできないが、水晶体は毛様体の筋肉（毛様体筋）がチン小帯と協力して伸縮することで、厚さを変化させ、屈折力を変えて調節作用を行っている（図15）。

▷**遠くのものを見るとき**　毛様体筋が弛緩してチン小帯が外側に引っ張られるため、水晶体が薄くなり、屈折力を弱くする。

▷**近くのものを見るとき**　毛様体筋が緊張してチン小帯がゆるむため、水晶体が厚くなり、屈折力を強くする。

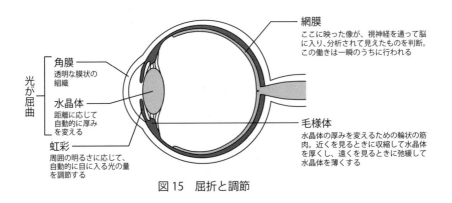

網膜
ここに映った像が、視神経を通って脳に入り、分析されて見えたものを判断。この働きは一瞬のうちに行われる

角膜
透明な膜状の組織

水晶体
距離に応じて自動的に厚みを変える

虹彩
周囲の明るさに応じて、自動的に目に入る光の量を調節する

光が屈曲

毛様体
水晶体の厚みを変えるための輪状の筋肉。近くを見るときに収縮して水晶体を厚くし、遠くを見るときに弛緩して水晶体を薄くする

図15　屈折と調節

眼の機能：まとめ
①**焦点調節**──毛様体や眼外筋の働きで、見るものに焦点を合わせる。
②**光量調節**──虹彩が収縮して光の量を調節する。
③**見たものの認識**──視覚からの情報が脳に伝達されて認識される。

視力の種類

視力には、以下の通り様々な種類がある。

▷ **中心視力（ちゅうしんしりょく）** 網膜黄斑部中心窩（図7）で見た中心視（図12）の視力を、中心視力という。一般に視力とは、中心視力のことをいう。

▷ **中心外視力（ちゅうしんがいしりょく）** 中心視のまわりの有効視野（図12）で見た場合の視力を、中心外視力という。

▷ **静止視力（せいししりょく）** 静止しているものを見分ける能力を静止視力という。

▷ **動体視力（どうたいしりょく）** 動いているものを見分ける能力を動体視力という。

▷ **裸眼視力（らがんしりょく）** 眼鏡やコンタクトレンズを使用しないときの視力を裸眼視力という。

▷ **矯正視力（きょうせいしりょく）** 眼鏡やコンタクトレンズを使用したときの視力を矯正視力という。

▷ **片眼視力（かたがんしりょく）** 片方の眼を完全に閉じて測定した視力を片眼視力という。

▷ **両眼視力（りょうがんしりょく）** 両眼で測定した視力を両眼視力という。

視力の種類

▷**遠見視力（えんけんしりょく）**　５mの距離から測定した視力を遠見視力という。５mの距離から単位指標（ランドルト環）の切れ目が見えれば視力は1.0となる。５mに対して1.5mmの幅がつくる角度（視角）が１分（１°の1/60の角度）となる（図16）。

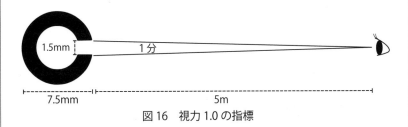

図16　視力1.0の指標

▷**近見視力（きんけんしりょく）**　30cmの距離で測定した視力を近見視力という。

学校保健法で規定されている視力検査は遠見視力検査だが、現在の学校（一部の学校を除いて）の視力検査結果はA、B、C、Dによる判定（370方式※）が記載されている。

※370方式とは、0.3、0.7、1.0の３種類の大きさの視力表を使って視力検査を行う方法で、A：視力1.0以上に相当、B：視力0.7〜0.9に相当、C：視力0.3〜0.7に相当、D：視力0.3未満に相当、という判定を行う。

▷**深視力（しんしりょく）**　遠近感（距離感）や立体感を正しく認識する能力を深視力という。両眼視によって、目標までの距離や目標間の距離などの遠近感や立体感の判断ができる。片眼視では立体感は消失する。

学校環境衛生基準

　学校保健安全法の規定に基づき、学校環境衛生基準の中で学校内の照度、まぶしさが定められている。

　近年、普通教室においてもコンピュータを利用する授業が行われていることを踏まえ、照度の基準について規定が改正され、2018年4月1日から施行された。

学校環境衛生基準の一部改正[4]。

(10)　照度　※照度とは、照明の明るさを表す。単位はルクス（lx）。

(ア)　教室及びそれに準ずる場所の照度の下限値は、300 lx（ルクス）とする。また、教室及び黒板の照度は、500 lx 以上であることが望ましい。

(イ)　教室及び黒板のそれぞれの最大照度と最小照度の比は、20：1 を超えないこと。また、10：1を超えないことが望ましい。

(ウ)	
改定前	コンピュータ<u>教室等</u>の机上の照度は、500〜1000 lx 程度が望ましい。
改定後	コンピュータを<u>使用する教室等</u>の机上の照度は、500〜1000lx 程度が望ましい。

(エ)　テレビやコンピュータ等の画面の垂直面照度は、100〜500 lx 程度が望ましい。

(オ)　その他の場所における照度は、工業標準化法（昭和24年法律 第185号）に基づく日本工業規格（以下「日本工業規格」という。）Z 9110 に規定する学校施設の人工照明の照度基準に適合すること。

(11)　まぶしさ

(ア)　児童生徒等から見て、黒板の外側 15°以内の範囲に輝きの強い光源（昼光の場合は窓）がないこと。

(イ)　見え方を妨害するような光沢が、黒板面及び机上面にないこと。

(ウ)　見え方を妨害するような電灯や明るい窓等が、テレビ及びコンピュータ等の画面に映じていないこと。

第2章

屈折異常

正規の屈折

　　眼に入ってきた光は、角膜と水晶体で屈折され網膜で像を結び（焦点）、視神経を通して脳に伝達されて認識する（図17）。

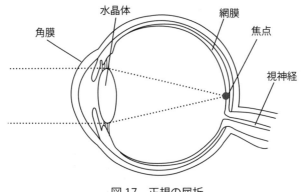

図17　正規の屈折

近視（きんし）

　　近視は屈折異常のひとつで、無調整の状態で眼に入る平行光線が網膜より前方で焦点を結ぶ、眼の屈折状態をいう（図18）。

　　遠くを見るとき、像がぼやけて見える。

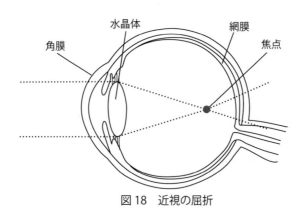

図18　近視の屈折

近視の分類

近視は、軸性近視と屈折性近視に分類される。

▷軸性近視（じくせいきんし）

眼の屈折力はほぼ正常だが、眼軸が長く（眼球の奥行が伸びて）網膜より前方で焦点が結ばれる近視を軸性近視という（図19）。

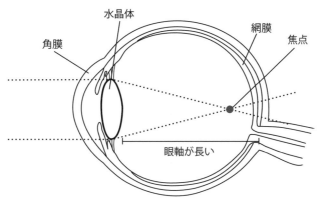

図19　軸性近視の屈折

▷屈折性近視（くっせつせいきんし）

角膜や水晶体の屈折力が強すぎて、網膜より前方で焦点が結ばれる近視を屈折性近視という。

仮性近視（かせいきんし）

　近くのものを見るとき、毛様体筋が緊張している（図20）。パソコンやスマートフォンの操作などで、近くのものを長時間見続けると毛様体筋の緊張が高まり、その緊張がとれず水晶体に一時的に強い屈折が残ることがある。この近視に似た状態のことを仮性近視という。仮性近視は近視の初期ではなく、毛様体筋の緊張がなくなれば元の視力が戻る。

　近視になる原因には、大きく分けて遺伝要因と環境要因がある。強い近視は遺伝要因が、軽度の近視は環境要因が強いといわれている。

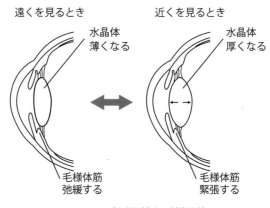

図20　遠近調節と毛様体筋

近視の進行予防

▷**正しい姿勢と適度な明るさ**　日頃の生活習慣を見直すことで、環境要因を改善することができる。とくに読書やパソコン操作を行うときは、正しい姿勢と適度な明るさが重要になる。

　読書やパソコン操作時の姿勢が悪いと、眼と本やパソコン画面までの距離に左右差が出たり、距離がさらに近くなったりする。

　読書をするときの明るさは300 lx（ルクス）以上が必要で、パソコン操作時のパソコン画面の照度は、100〜500 lx程度が望ましい（学校環境衛生基準では、教室及びそれに準ずる場所の照度の下限値は300 lx（ルクス）とする。教室及び黒板の照度は、500 lx以上が望ましい。さらにコンピュータを使用する教室の机上の照度は、500〜1000 lx程度が望ましい、と規定されている）。

近視の進行予防

▷**近くのものを見る時間を決める**　長時間にわたって近くのものを見続けると、毛様体筋の過緊張が起こる。近年急激に普及したスマートフォン（の画面）を長時間見続けるという行為は、近視の進行に影響を与えていると思われがちだが、スマートフォンやパソコンの画面を長時間見続けることが近視の進行に影響するか、明確なエビデンス（根拠）はない。

　しかし毛様体筋の過緊張を防ぐためにも、仮性近視を予防するためにも、スマートフォンやパソコンを使用するときは時間を決めて休憩を入れ、適度に使用することが望ましい。

▷**遠くを見る、身体を動かす**　遠くの景色や空などを見ることで、近くのものを見続けて緊張した毛様体筋を弛緩させることができる。

▷**学童期に適切な矯正を行う**　学校の視力検査（370方式）で、眼鏡が必
要な視力基準

A：裸眼視力1.0以上に相当
　　眼鏡は必要ない

B：裸眼視力0.7以上〜0.9以下に相当
　　一般に眼鏡がなくても大丈夫だが、本人の希望・相談も必要

C：裸眼視力0.3以上〜0.7未満に相当
　　教室の席を、前にしてもらう必要あり
　　席が後ろの場合は、眼鏡があった方がよい

D：裸眼視力0.3未満に相当
　　眼鏡が必要

近視の矯正

凹レンズ（おうれんず）

　　近視は、光を網膜より前方で焦点を結ぶ。そのため凹レンズの眼鏡やコンタクトレンズを装用すると、眼に入る光を広げるため、網膜上に焦点を結ぶことができるようになる。

手術で屈折異常を矯正する

▷手術による矯正①　レーザー屈折矯正手術（レーシック）　レーザーで角膜のカーブを変えることで、屈折異常を矯正する手術を、レーザー屈折矯正手術（レーシック）という。

　　日本では1999年頃から始まり、手術でもすぐに効果が現れ、矯正効果が高いと評価され、全盛期の2008年には年間45万件もの手術が行われた。しかし商業目的の眼科クリニックや非眼科専門医による不適切な術前検査や手術が相次ぎ、さまざまな問題やトラブル症例が多く発生し、社会問題となった事例がある。

　　2013年12月には、消費者庁が「レーシック手術を安易に受けることは避け、リスクの説明を十分受けましょう！――希望した視力を得られないだけでなく、重大な危害が発生したケースもあります」という注意喚起を公表した。その結果、2014年の手術数は年間5万件と、全盛期の9割減となった。日本白内障屈折矯正学会では、適応は18歳以上としている。

　　その後日本眼科医会では、「レーシックを受けることをお考えの皆様に――そのレーシックは本当に安全かどうか？」の注意をしている。

• メリット――ある一定の期間、眼鏡やコンタクトレンズから解放される。

• デメリット——50歳過ぎより、やがて老眼鏡が必要な人が出てくる。夜間視力が低下するケース、車のライトが眩しいケースがある。ドライアイが起こることもある。正確な眼圧が測定できなくなるおそれがある。

　上記のようなレーシックのメリット、デメリットを十分理解した上で、レーシックを希望する場合には、必ず日本眼科学会、眼科専門医の診察および手術を受ける必要がある。なおレーシックには、健康保険の適用はない。

▷**手術による矯正②　有水晶体眼内レンズ（ICL）**　有水晶体眼内レンズは、水晶体を取り除かず水晶体の前に人工レンズを入れる、屈折矯正手術の1つ。

　日本では2003年から始まり、2010年に厚生労働省で認可された。レーシックを行うことができない強度の近視や角膜の厚みが薄い症例への対応も可能で、レンズの摘出、交換による度数の変化に対応することもできる。レンズを摘出すれば、元の視力に戻すこともできる。

　しかし手術を行う眼科医に高度な技術が必要で、レーシックなどに比べると手術費用が高い。またレンズは個人によって異なるため、度数によっては手術までに時間がかかる。レーシックに比べると症例数が少ないなどの課題もある。

その他の矯正

▷**オルソケラトロジー**　寝ている間に特殊なデザインのコンタクトレンズ
を装用し、角膜の形状をやや平らにすることで、一時的に視力を回
復させる矯正法をオルソケラトロジーという。
　夜寝るときに装用し、朝起床時に外すという、今までのコンタク
トレンズとは逆の使い方をする。睡眠時だけの装用なので、眼への
負担も少ない。手術と異なり、しばらく装用をやめると元の状態に
戻る。年齢が若いほど効果が出やすいという特徴がある。

※オルソケラトロジーは、原則として20歳以上が適応となり、眼
　の状態により使用できない場合がある。また効果には個人差があ
　るため、事前に眼科専門医によく相談することが必要である。

遠視（えんし）

　　遠視は眼の調節機能を休めたとき、眼に入る平行光線が網膜より後方で焦点を結ぶ、眼の屈折異常をいう（図21）。

　　遠くのものも近くのものも、はっきり見ることができない。そのため、いつもぼんやりした像を見ていることになる。強度の遠視の場合には3歳児検診などで判明することがあるが、調整力が弱い小児期には視力検査で判明しない場合もある。

　　遠視は、近くを見るときだけでなく、遠くをみるときも常に毛様体が緊張し続けているため、眼の疲労につながる。早期の発見と適切な矯正が望まれる。

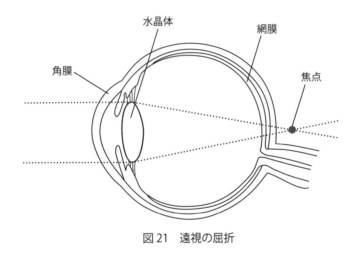

図21　遠視の屈折

遠視の矯正

▷**凸レンズ（とつれんず）**　遠視は、光を網膜より後方で焦点を結ぶ。そのため凸レンズの眼鏡やコンタクトレンズを装用すると、眼に入る光を集めるため、網膜上に焦点を結ぶことができるようになる。

乱視（らんし）

　　乱視は角膜や水晶体の屈折異常のため、眼に入る光の角度の違い
によって、それぞれ違う場所に焦点を結ぶ状態をいう。

　　乱視は、眼に入る映像の角度によって見え方が異なるため、乱視
表（図22）を見る簡易検査で、線が均一に見えない、線に濃淡が
ある、見えるところと見えないところがある、などの症状がある場
合は、眼科医で検査することが望ましい。

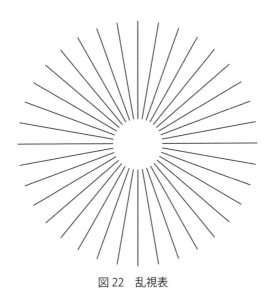

図22　乱視表

乱視の矯正

▷**円柱レンズ（えんちゅうれんず）**　乱視の方向（ゆがみの方向）に合わ
　　せて、特定の方向の光だけを屈折させる円柱レンズを装用すると、
　　眼に入る光を正しい方向に安定させることができるため、網膜上に
　　焦点を結ぶことができるようになる。

　　しかし屈折面の屈曲が不規則な不正乱視（ふせいらんし）の場
合、円柱レンズでの矯正は難しい。

弱視（じゃくし）

　　眼鏡やコンタクトレンズで矯正しても、視力が出ないことを弱視
という。弱視には、病気など器質的な問題が原因となっている器質
性弱視（きしつせいじゃくし）と、機能的な問題が原因となってい
る機能性弱視（きのうせいじゃくし）がある。子どもの機能性弱視
は、屈折異常弱視、不同視弱視、斜視弱視に分けられる。

　　人間は生後１〜２カ月くらいから、少しずつ両眼視機能（両眼で
立体的にものを見る）や調節機能（網膜に焦点を合わせる）などが
発達していく。しかしこの時期に遠視や乱視など屈折異常が強い
と、視力の発達、機能のバランスが崩れることがあり、弱視につな
がる。

子どもの機能性弱視の分類

▷**屈折異常弱視（くっせついじょうじゃくし）**　生まれつき両眼が強い遠視
　の場合、両眼が弱視になる、遠視性の屈折異常弱視が多い。近視性、
　乱視性もある。

▷**不同視弱視（ふどうしじゃくし）**　片眼が弱視の場合を不同視弱視という。
　生まれつき左右の屈折度が異なり片眼が強い遠視の場合、遠視性の不
　同視弱視が多い。近視性、乱視性もある。

▷**斜視弱視（しゃしじゃくし）**　生まれつき片眼が弱視の場合をいう。

早期発見が重要

　　視力の発達は６歳頃には完成されるため、弱視の早期発見が重要
である。そのために３歳児検診※を受けることが重要で、日頃から
子どもの些細な仕草を見逃さず、就学前検診で視力検査を受けるこ
とが重要である。

※幼児期に早期発見、矯正、治療できるように、３歳児検診の際に
　オートレフ検査（屈折異常を測定する検査）を導入している自治
　体もある（全国的に実施している自治体はまだ少ない）。

斜視（しゃし）

　左右の眼の方向がずれて、両眼の視線が正しく目標に向かないものを斜視という。片眼は正しく目標を向いているが、もう片方の眼が違う方向に向いている。

　斜視には、内斜視、外斜視、上斜視、下斜視がある（図23）。ものを見るときに片眼の位置がずれると、両眼で見ることができなくなり、立体的に見る両眼視機能が弱くなる（両眼視機能異常）。

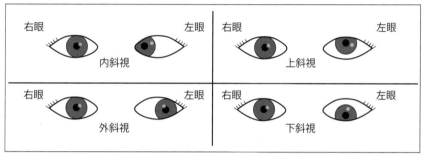

図23　斜視の種類（真正面視、患眼は左眼）

斜視に似た症状

▷**斜位（しゃい）**　普段は両眼でものを見ているが、片眼ずつ調べると視線がずれている状態。

▷**偽斜視（ぎしゃし）**　片眼の視線がずれて斜視のように見えるが、実際には両眼の視線が揃っている状態。

その他の症状

▷**ものを見るとき首を横にして見るという症状**　首の筋肉の異常で起こることがある。

▷**ものを見るとき横目で見るという症状**　左右の眼で屈折率が異なると起こることがある。

色覚（しきかく）

　可視光線400～800nmの各波長に応じて、光の波長の差を色として認識することを色覚という。波長が400nmから800nmへ変化すると、色は紫、藍、青、緑、黄、橙、赤のように変化する。

▷**色覚のメカニズム**　網膜には、映像を脳に送るための信号に変える杆体（かんたい）と3種類の円錐状の錐体（すいたい）が存在している。錐体にはL錐体（赤錐体）、M錐体（緑錐体）、S錐体（青錐体）がある[5]（図24）。網膜に届いた光の色によって、どの錐体が強く反応するかが異なり、これらの視細胞でとらえられた色の情報は、脳が感知して色として認識する。3種類の錐体細胞が交差することにより、様々な色を脳内でつくることができる（図25）。

　色覚は網膜の視細胞（図24）のうち、中心部に多くある錐体細胞の働きによるため、網膜の中心部では良好で、周辺部では不良となる。また明るいところでは良好で、暗いところでは不良である。

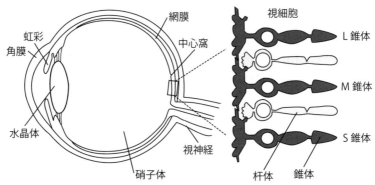

図24　網膜の視細胞（L錐体、M錐体、S錐体）（文献5より）

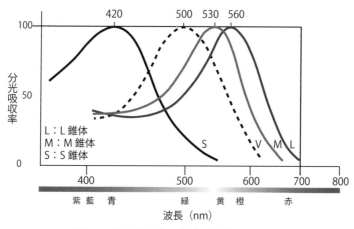

図25　波長と分光吸収率（文献5より）

色覚異常（しきかくいじょう）

　全部の色、または一部の色を識別できないことを色覚異常という。色覚異常は、先天性の先天色覚異常と後天性の後天色覚異常に分けられるが、ほとんどが先天性である。

▷**先天色覚異常（せんてんしきかくいじょう）**　先天色覚異常は程度によって1色覚（旧：全色盲※）、2色覚（旧：色盲※）、異常3色覚（旧：色弱※）、問題となる錐体の種類によって1型色覚（L錐体の異常）、2型色覚（M錐体の異常）、3型色覚（S錐体の異常）に分けられる。

　日本人には男性の20人に1人、女性では500人に1人の割合で色覚異常の人がいるが、色覚異常の保因者は女性の10人に1人の割合になる。

進学や職業選択について

　どの大学も原則として進学可能。理工系、医歯薬系の大学でも進学は可能。職業選択にあたっては、職種を制限しないことが基本となる。公務員、教師、医師なども可能。一方で、職種の中には、職業の特性上、色覚異常が問題となる職種がある（例：飛行機のパイロット、船舶航海士、鉄道運転士、自衛官、警察官、消防士など）。

また、色の繊細な識別が要求され、ハンディキャップとなる職種もある（例：印刷、塗装、繊維工業、野菜や魚の鮮度の選定など微妙な色識別を要する職種）。地域によっても異なるので、その都度確認することが必要。普通自動車免許はほとんど取得が可能となる。

色覚異常で見分けにくい色の組み合わせ
「赤と緑」、「青と紫」、「深緑と茶色」、「水色とピンク」などが識別しにくい色の組み合わせになる。また彩度の高い色に比べて、「灰色と淡い水色」、「灰色と淡い緑」など彩度の低い色の組み合わせは、識別がより困難になる[6]。

▷ **色弱（しきじゃく）** 一般に色覚異常の程度の軽いものを色弱というが、その区分は明確ではない。

※日本眼科学会は2007年に色覚関連用語を改訂し、色盲、色弱という言葉は使われなくなった。

色覚検査

　2003年（平成15年）3月、文部科学省は学校保健法施行規則の定期健康診断の必須項目から色覚検査を削除した。

　その結果2003年（平成15年）以降、ほとんどの学校で色覚検査は実施されなくなったが、2014年（平成26年）4月、学校保健安全法施行規則の一部を改正する省令が交付され、2016年（平成28年）4月から施行された。

<u>色覚の検査について（学校保健安全法施行規則：2016年（平成28年）4月施行）</u>

　学校における色覚の検査については，平成15年度より児童生徒等の健康診断の必須項目から削除し、希望者に対して個別に実施するものとしたところであるが、児童生徒等が自身の色覚の特性を知らないまま卒業を迎え、就職に当たって初めて色覚による就業規制に直面するという実態の報告や、保護者等に対して色覚異常及び色覚の検査に関する基本的事項についての周知が十分に行われていないのではないかという指摘もある[7]。

　このため、2002年（平成14年）3月29日付け13文科ス第489号の趣旨を十分に踏まえ、1. 学校医による健康相談において、児童生徒や保護者の事前の同意を得て個別に検査、指導を行うなど、必要に応じ、適切な対応ができる体制を整えること、2. 教職員が、色覚異常に関する正確な知識を持ち、学習指導、生徒指導、進路指導等において、色覚異常について配慮を行うとともに、適切な指導を行うよう取り計らうこと等を推進すること。特に、児童生徒等が自身の色覚の特性を知らないまま不利益を受けることのないよう、保健調査に色覚に関する項目を新たに追加するなど、より積極的に保護者等への周知を図る必要があること[7]。

　このような経緯を経て、色覚検査は2016年（平成28年）4月以降、プライバシーに極力注意しながら、事前の同意を得て任意でおこなわれている。

第3章

スポーツの眼外傷

学校体育的部活動の負傷・疾病

　日本スポーツ振興センター、学校管理下の災害[8]（平成30年度版）の統計数値から、学校体育的部活動における負傷・疾病の部位別比率を算出した。

　その結果、小学校では①上肢部、②下肢部、③顔部の降順となり、中学校・高等学校では①下肢部、②上肢部、③顔部の降順となった（表1）。小学校、中学校、高等学校に共通して顔部の負傷・疾病の発生比率が3番目に高い。

表1　体育的部活動の負傷・疾病の部位別比率（平成30年度版）

小学校	①上肢部	②下肢部	③顔部
	44.9%	38.1%	9.1%
中学校	①下肢部	②上肢部	③顔部
	42.8%	32.0%	10.8%
高等学校	①下肢部	②上肢部	③顔部
	47.6%	21.8%	10.9%

　顔部を眼部と眼部以外に分けて、全負傷・疾病に対する比率を算出すると、眼部は小学校5.2%、中学校6.6%、高等学校4.0%となり、眼部以外は小学校3.9%、中学校4.2%、高等学校6.8%となった（表2）。

表2　部活動の眼部と眼部以外の負傷・疾病比率（平成30年度版）

区分	顔部（眼部）	顔部（眼部以外）
小学校	5.2%	3.9%
中学校	6.6%	4.2%
高等学校	4.0%	6.8%

　小学校、中学校、高等学校で、学校体育的部活動における眼部の負傷・疾病の発生比率には大きな違いはないが、発生件数に着目すると、①中学校11489件、②高等学校6225件、③小学校372件であり、中学校での眼外傷の発生件数が圧倒的に高い。

学校体育的部活動の競技別眼外傷

　　小学校、中学校、高等学校における体育的活動別、眼部の負傷・疾病の発生件数[8]を記す（表3）。

表3　部活動別、眼部の負傷・疾病の件数（平成30年度版）

区分		小学校	中学校	高等学校
水泳部		10	42	34
器械体操・新体操部		1	47	21
陸上競技部		21	181	40
球技	サッカー・フットサル部	77	1,007	844
	テニス部（含ソフトテニス）	1	2,938	876
	ソフトボール部	35	599	300
	野球部（含軟式）	87	3,087	1,661
	ハンドボール部	1	173	314
	バレーボール部	7	570	202
	バスケットボール部	96	1,276	751
	ラグビー部	1	51	285
	卓球部	5	370	35
	バドミントン部	13	812	514
	ホッケー部	0	13	29
	その他	6	6	47
	計	329	10,902	5,858
武道等	柔道部	0	85	60
	剣道部	1	178	26
	相撲部	4	7	19
	空手道部	0	0	21
	弓道部	0	8	27
	なぎなた部	0	3	0
	ボクシング部	0	0	13
	レスリング部	0	0	19
	フェンシング部	0	0	1
	その他	0	1	4
	計	5	282	190
その他	スキー部	0	2	1
	スケート部	0	0	0
	ボート部	0	0	0
	登山部	0	1	1
	自転車競技部	0	0	1
	ウェイトリフティング部	0	0	1
	ヨット部	0	0	1
	アーチェリー部	0	0	2
	カヌー部	0	0	0
	その他	6	23	75
	計	6	29	82
合計		372	11,489	6,225

第3章　スポーツの眼外傷

スポーツ外傷とスポーツ障害

　スポーツによるケガは「スポーツ外傷」と「スポーツ障害」に大きく分けられる[9]。スポーツ外傷は一度の外力でケガをするもの、スポーツ障害は繰り返しの動作による軽微な負荷が蓄積され、痛みを生じるものをいう[9]。

　小学校、中学校、高等学校における、体育的部活動別、眼部の負傷・疾病の発生件数（表3）は、ほとんどがスポーツ外傷である。

　スポーツ障害は、たとえば野球には、オーバーユース（使い過ぎ）による特有の慢性のスポーツ障害があり、腰では腰椎分離症（ようついぶんりしょう）、椎間板ヘルニア（ついかんばんへるにあ）などがあり、投球数の増加に伴うオーバーユースで、肩や野球肘（やきゅうひじ）の障害を引き起こす可能性が高いと考えられている[10]。

　しかし同じ運動量のチーム全員に、スポーツ障害が生じるわけではない。柔軟性低下、筋力不足、バランス不良といったコンディション不良や競技フォームの不良がある選手に生じやすい[9]。

スポーツ障害の例

▷**腰椎分離症**　腰椎に生じる疲労骨折で、そのほとんどが成長期に発生する[9]障害のこと。

▷**椎間板ヘルニア**　腰椎にあって、クッションの役割をする椎間板組織が突出し、腰痛や下肢痛を起こす[9]障害のこと。

▷**野球肘（離断性骨軟骨炎）**　投球動作の繰り返しの負荷により、骨軟骨損傷をおこした障害[10]のこと。

　10～15歳の成長期には、肘関節に成長軟骨があり、外側と内側に骨端線（こったんせん）がある。この骨端の関節軟骨は繰り返しの負荷に弱く、成長期に程度を超えた投球を繰り返すと、このスポーツ障害を生じやすい。

体育的部活動 競技別スポーツ外傷

　小学校、中学校、高等学校における、体育的部活動 競技別スポーツ外傷の発生上位３件と眼部外傷の件数を記す。また小学校、中学校、高等学校別で全体総数が100件に満たない場合は削除した。

水泳部（表４）

　小学校の全体総数は、100件に満たない（n＝81）ため削除した。中学校は、①手・手指部（19.0％）、②足関節（13.5％）、③足関節（11.5％）で、眼部（4.6％）の順で多かった。高等学校では、①下肢部（47.6％）が半数近くを占めているのが特徴的で、眼部は4.0％だった。

表４　水泳部の負傷・疾病件数（平成30年度版）

中学校 n＝914	①手・手指部	②足関節	③足指部
	19.0%	13.5%	11.5%
高等学校 n＝726	①下肢部	②上肢部	③顔部
	47.6%	21.8%	10.9%

器械体操部（表５）

　小学校は、①足関節（15.8％）、②足指部（14.0％）、③手・手指部（10.5％）、眼部は0.9％だった。中学校は、①足関節（22.5％）、②足指部（13.5％）、③膝部（9.3％）、眼部（4.7％）。高等学校は、①足関節（19.3％）、②腰部（10.7％）、③膝部（10.6％）、眼部（1.4％）の順で多かった。足関節の外傷が多く、眼部外傷は少ない。

表５　器械体操部の負傷・疾病件数（平成30年度版）

小学校 n＝114	①足関節	②足指部	③手・手指部
	15.8%	14.0%	10.5%
中学校 n＝998	①足関節	②足指部	③膝部
	22.5%	13.5%	9.3%
高等学校 n＝1545	①足関節	②腰部	③膝部
	19.3%	10.7%	10.6%

第３章 スポーツの眼外傷

陸上競技部（表６）

　　小学校は、①足関節（29.7％）、②膝部（13.2％）、③大腿部・股関節（9.2％）、眼部（1.5％）。中学校は、①足関節（20.7％）、②大腿部・股関節（12.3％）、③膝部（10.2％）、眼部（1.4％）。高等学校は、①足関節（18.4％）、②大腿部・股関節（16.7％）、③腰部（11.3％）、眼部（0.5％）の順で多かった。眼部外傷は、ほとんど発生していない。

表6　陸上競技部の負傷・疾病件数（平成30年度版）

小学校 n = 1428	①足関節	②膝部	③大腿部・股関節
	29.7%	13.2%	9.2%
中学校 n = 13596	①足関節	②大腿部・股関節	③膝部
	20.7%	12.3%	10.2%
高等学校 n = 7983	①足関節	②大腿部・股関節	③腰部
	18.4%	16.7%	11.3%

サッカー・フットサル部（表７）

　　小学校は、①足関節（19.6％）、②手・手指部（19.5％）、③前腕部（9.2％）、眼部（6.1）％。中学校は、①足関節（14.5％）、②手・手指部（13.8％）、③前腕部（9.9％）、眼部（3.6％）。高等学校は、①足関節（21.9％）、②膝部（12.2％）、③手・手指部（8.6％）、眼部（2.8％）の順で多かった。足関節が多く、眼部外傷は2.8～6.1％と少ない。

表7　サッカー・フットサル部の負傷・疾病件数（平成30年度版）

小学校 n = 1257	①足関節	②手・手指部	③前腕部
	19.6%	19.5%	9.2%
中学校 n = 28286	①足関節	②手・手指部	③前腕部
	14.5%	13.8%	9.9%
高等学校 n = 30243	①足関節	②膝部	③手・手指部
	21.9%	12.2%	8.6%

テニス部（ソフトテニスを含む）（表8）

　　小学校の全体総数は、100件に満たない（n ＝ 6）のため削除した。中学校は、①眼部（21.0％）、②足関節（17.0％）、③膝部（8.4％）。高等学校は、①足関節（22.5％）、②眼部（13.0％）、③膝部（8.1％）。

　　中学校・高等学校で、眼部外傷がとても多く（中学校は①番目、高等学校では②番目）発生している。

表8　テニス部（ソフトテニスを含む）負傷・疾病件数（平成30年度版）

中学校 n ＝ 13985	①眼部	②足関節	③膝部
	21.0%	17.0%	8.4%
高等学校 n ＝ 6713	①足関節	②眼部	③膝部
	22.5%	13.0%	8.1%

ソフトボール部（表9）

　　小学校は、①手・手指部（41.0％）、②眼部（14.6％）、③足関節（8.4％）。中学校は、①手・手指部（33.0％）、②足関節（11.9％）、③眼部（11.0％）。高等学校は、①手・手指部（24.8％）、②足関節（12.8％）、③膝部（8.4％）、眼部（7.7％）の順で多かった。

　　手・手指部が最も多いが、眼部外傷も多く（小学校は②番目、中学校は③番目、高等学校は④番目）発生しているのが特徴である。

表9　ソフトボール部の負傷・疾病件数（平成30年度版）

小学校 n ＝ 239	①手・手指部	②眼部	③足関節
	41.0%	14.6%	8.4%
中学校 n ＝ 5423	①手・手指部	②足関節	③眼部
	33.0%	11.9%	11.0%
高等学校 n ＝ 3873	①手・手指部	②足関節	③膝部
	24.8%	12.8%	8.4%

野球部（軟式を含む）（表10）

　　小学校は、①手・手指部（28.0％）、②眼部（25.1％）、③肘部（7.2％）。中学校は、①手・手指部（20.3％）、②眼部（18.1％）、③足関節（9.5％）。高等学校は、①手・手指部（14.8％）、②足関節（8.4％）、③頭部（8.2％）、眼部（7.4％）の順で多かった。

　　ボールが眼部に当たった場合、硬式ボールは変形しないので眼窩壁骨折は起こすが、眼球自体には重大な障害を起こさないことが多い[11]。しかし軟式ボールは、衝突時に大きく変形して眼球を圧迫するため[12]、重篤な障害を起こすことがある。

表10　野球部（軟式を含む）負傷・疾病件数（平成30年度版）

小学校 n = 346	①手・手指部	②眼部	③肘部
	28.0%	25.1%	7.2%
中学校 n = 17085	①手・手指部	②眼部	③足関節
	20.3%	18.1%	9.5%
高等学校 n = 22467	①手・手指部	②足関節	③頭部
	14.8%	8.4%	8.2%

ハンドボール部（表11）

　　小学校の全体総数は、100件に満たない（n = 50）ため削除した。中学校は、①手・手指部（23.3％）、②足関節（21.3％）、③膝部（8.2％）、眼部（4.5％）。高等学校は、①足関節（21.5％）、②手・手指部（16.4％）、③膝部（13.0％）、眼部（3.5％）の順で多かった。

　　手・手指部、足関節が多い。眼部外傷は3.5～4.5％と少ない。

表11　ハンドボール部の負傷・疾病件数（平成30年度版）

中学校 n = 3842	①手・手指部	②足関節	③膝部
	23.3%	21.3%	8.2%
高等学校 n = 7821	①足関節	②手・手指部	③膝部
	21.5%	16.4%	13.0%

バレーボール部（表12）

　　小学校は、①手・手指部（48.9％）、②足関節（21.1％）、③膝部（4.8％）、眼部（3.1％）。中学校は、①手・手指部（23.3％）、②足関節（21.3％）、③膝部（8.2％）、眼部（4.5％）。高等学校は、①足関節（21.5％）、②手・手指部（16.4％）、③膝部（13.0％）、眼部（3.5％）の順で多かった。

　　手・手指部、足関節が多い。眼部外傷は3.1〜4.5％と少ない。

表12　バレーボール部の負傷・疾病件数（平成30年度版）

小学校 n＝227	①手・手指部	②足関節	③膝部
	48.9%	21.1%	4.8%
中学校 n＝22704	①手・手指部	②足関節	③膝部
	23.3%	21.3%	8.2%
高等学校 n＝13763	①足関節	②手・手指部	③膝部
	21.5%	16.4%	13.0%

バスケットボール部（表13）

　　小学校は、①手・手指部（48.5％）、②足関節（19.5％）、③手関節（5.2％）、眼部（3.4％）。中学校は、①手・手指部（31.3％）、②足関節（27.7％）、③膝部（8.0％）、眼部（2.8％）。高等学校は、①足関節（30.8％）、②手・手指部（17.3％）、③膝部（13.7％）、眼部（2.8％）。

　　手・手指部、足関節が多い。眼部外傷は2.8〜3.4％と少ない。

表13　バスケットボール部の負傷・疾病件数（平成30年度版）

小学校 n＝2844	①手・手指部	②足関節	③手関節
	48.5%	19.5%	5.2%
中学校 n＝45262	①手・手指部	②足関節	③膝部
	31.3%	27.7%	8.0%
高等学校 n＝26470	①足関節	②手・手指部	③膝部
	30.8%	17.3%	13.7%

第3章　スポーツの眼外傷

ラグビー部（表14）

　　小学校の全体総数は、100件に満たない（n = 8）のため削除した。中学校は、①手・手指部（23.6％）、②肩部（11.1％）、③足関節（10.0％）、眼部（3.1％）。高等学校は、①足関節（13.7％）、②手・手指部（13.5％）、③肩部（13.3％）、眼部（3.2％）の順で多かった。

　　手・手指部、肩部、足関節に多く、眼部外傷は3.1〜3.2％と少ない。

表14　ラグビー部の負傷・疾病件数（平成30年度版）

中学校 n = 1671	①手・手指部	②肩部	③足関節
	23.6％	11.1％	10.0％
高等学校 n = 8921	①足関節	②手・手指部	③肩部
	13.7％	13.5％	13.3％

卓球部（表15）

　　小学校の全体総数は、100件に満たない（n = 34）のため削除した。中学校は、①足関節（18.6％）、②手・手指部（13.1％）、③眼部（9.8％）。高等学校は、①足関節（19.4％）、②手・手指部（12.8％）、③膝部（10.4％）、眼部（3.0％）。

　　足関節、手・手指部、足関節が多い。眼部外傷は、中学校では③番目に多く発生しているが、高等学校では少ない（3.0％）。

表15　卓球部の負傷・疾病件数（平成30年度版）

中学校 n = 3760	①足関節	②手・手指部	③眼部
	18.6％	13.1％	9.8％
高等学校 n = 1168	①足関節	②手・手指部	③膝部
	19.4％	12.8％	10.4％

バドミントン部（表16）

　　小学校の全体総数は、100件に満たない（n = 63）のため削除した。中学校は、①足関節（29.8%）、②眼部（14.1%）、③膝部（10.4%）。高等学校は、①足関節（34.2%）、②膝部（12.7%）、③眼部（8.3%）。

　　中学校・高等学校で、眼部外傷は多く発生している。とくにシャトルのコルク部分は、眼窩に深く陥入する[13]ため、もし運悪く眼に当たると、眼球破裂につながることがある[11]。シャトルコックが眼に当たらないように、とくに注意が必要である。

表16　バドミントン部の負傷・疾病件数（平成30年度版）

中学校 n = 5778	①足関節	②眼部	③膝部
	29.8%	14.1%	10.4%
高等学校 n = 6195	①足関節	②膝部	③眼部
	34.2%	12.7%	8.3%

ホッケー部（表17）

　　小学校の全体総数は、100件に満たない（n = 0）ため削除した。中学校は、①手・手指部（14.6%）、②足関節（9.2%）、③膝部と眼部が同じ比率（7.0%）で発生している。高等学校は、①手・手指部（18.0%）、②足関節（13.9%）、③膝部（7.4%）、眼部（4.6%）。

　　手・手指部、足関節、膝部が中学校・高等学校で共通して多いが、中学校では眼部は、膝部と同じ比率で多く発生している。

表17　ホッケー部の負傷・疾病件数（平成30年度版）

中学校 n = 185	①手・手指部	②足関節	③膝部、眼部
	14.6%	9.2%	7.0%
高等学校 n = 632	①手・手指部	②足関節	③膝部
	18.0%	13.9%	7.4%

柔道部（表18）

　　小学校の全体総数は、100件に満たない（n = 3）ため削除した。中学校は、①足指部（16.7%）、②肩部（13.1%）、③手・手指部（10.8%）、眼部（1.6%）。高等学校は、①膝部（19.6%）、②肩部（13.2%）、③肘部（10.2%）、眼部（1.4%）の順で多かった。眼部外傷は1.4〜1.6%と少ない。

表18　柔道部の負傷・疾病件数（平成30年度版）

中学校	①足指部	②肩部	③手・手指部
n = 5285	16.7%	13.1%	10.8%
高等学校	①膝部	②肩部	③肘部
n = 4441	19.6%	13.2%	10.2%

剣道部（表19）

　　小学校の全体総数は、100件に満たない（n = 10）のため削除した。中学校は、①足指部（28.9%）、②足関節（12.0%）、③手・手指部（11.9%）、眼部（4.3%）。高等学校は、①足指部（21.0%）、②足関節（12.4%）、③手・手指部（11.0%）、眼部（1.1%）。

　　中学校・高等学校で共通して、足指部、足関節、手・手指部の順で多い。眼部外傷は中学校でも少なく、高等学校では、ほとんど発生していない。

表19　剣道部の負傷・疾病件数（平成30年度版）

中学校	①足指部	②足関節	③手・手指部
n = 4122	28.9%	12.0%	11.9%
高等学校	①足指部	②足関節	③手・手指部
n = 2267	21.0%	12.4%	11.0%

相撲部（表20）

　　小学校は、①足指部（27.4％）、②頭部（9.4％）、③足関節（8.5％）、眼部（3.8％）。中学校は、①足指部（22.0％）、②頭部（10.0％）、③手・手指部と足関節が同じ比率（7.3％）で発生しており、眼部は（4.7％）だった。高等学校は、①手・手指部（14.8％）、②膝部（14.3％）、③肩部、足関節、足指部が同じ比率（9.5％）で発生しており、眼部（9.0％）の順で多かった。眼部外傷は、高等学校では比較的多く（9％）発生している。

表20　相撲部の負傷・疾病件数（平成30年度版）

小学校 n = 106	①足指部	②頭部	③足関節
	27.4%	9.4%	8.5%
中学校 n = 150	①足指部	②頭部	③手・手指部、足関節
	22.0%	10.0%	7.3%
高等学校 n = 210	①手・手指部	②膝節	③肩部、足関節、足指部
	14.8%	14.3%	9.5%

空手部（表21）

　　小学校の全体総数は、100件に満たない（n = 0）のため削除した。中学校は、①足指部（28.1％）、②手・手指部（18.7％）、③膝部（9.4％）、眼部（0％）。高等学校は、①足指部（18.8％）、②手・手指部（14.5％）、③膝部（9.6％）、眼部（1.6％）。

　　空手は1人で行う形（演武）と、相手と対戦する組手がある。眼部外傷は中学校では0％で、高等学校でも、ほとんど発生していない。しかし空手のケガは、組手試合中に発生することが多く、試合において十分な注意が必要である。

表21　空手部の負傷・疾病件数（平成30年度版）

中学校 n = 139	①足指部	②手・手指部	③膝部
	28.1%	18.7%	9.4%
高等学校 n = 1293	①足指部	②手・手指部	③膝部
	18.8%	14.5%	9.6%

弓道部（表22）

　小学校の全体総数は、100件に満たない（n＝0）のため削除した。中学校は、①足関節（14.1％）、②手・手指部（8.6％）、③頭部、肘部、膝部が同じ比率（7.0％）で発生しており、眼部は（6.3％）だった。高等学校は、①足関節（12.3％）、②肩部（10.7％）、③手・手指部（10.5％）、眼部（4.8％）の順で多かった。眼部は、4.8〜6.3％と比較的多い。

表22　弓道部の負傷・疾病件数（平成30年度版）

中学校 n＝128	①足関節	②手・手指部	③頭部、肘部、膝部
	14.1%	8.6%	7.0%
高等学校 n＝561	①足関節	②肩部	③手・手指部
	12.3%	10.7%	10.5%

なぎなた部（表23）

　小学校の全体総数（n＝0）、中学校の全体総数（n＝26）と、100件に満たないため削除した。高等学校は、①足指部（27.1％）、②足関節（14.1％）、③膝部（12.9％）、眼部（0％）の順で多かった。

　なぎなた競技には、演技と試合の2つがある。演技は防具を身につけないで、指定された形を対人で行う。試合は防具を身につけて勝負を競う。高等学校で眼部外傷は0％だが、試合中には防具をつけた顔面と顔面がぶつかることもあり、注意が必要である。

表23　なぎなた部の負傷・疾病件数（平成30年度版）

高等学校 n＝85	①足指部	②足関節	③膝部
	27.1%	14.1%	12.9%

ボクシング部（表24）

　　小学校の全体総数（n = 0）、中学校の全体総数（n = 1）と、100件に満たないため削除した。高等学校は、①手・手指部（19.7％）、②頭部、肩部が同じ比率（8.5％）、③腰部（7.7％）、眼部（5.0％）の順で多かった。

表 24　ボクシング部の負傷・疾病件数（平成 30 年度版）

高等学校 n = 259	①手・手指部	②頭部、肩部	③腰部
	19.7%	8.5%	7.7%

レスリング部（表25）

　　小学校の全体総数（n = 0）、中学校の全体総数（n = 18）と、100件に満たないため削除した。高等学校は、①腰部（17.2％）、②手・手指部（11.8％）、③肩部（10.3％）、眼部（3.2％）の順で多かった。

表 25　レスリング部の負傷・疾病件数（平成 30 年度版）

高等学校 n = 593	①腰部	②手・手指部	③肩部
	17.2%	11.8%	10.3%

フェンシング部（表26）

　　小学校の全体総数（n = 0）、中学校の全体総数（n = 16）と、100件に満たないため削除した。高等学校は、①足関節（30.5％）、②手・手指部（12.6％）、③膝部（11.9％）、眼部（0.7％）の順で多かった。

表 26　フェンシング部の負傷・疾病件数（平成 30 年度版）

高等学校	①足関節	②手・手指部	③膝部
	30.5%	12.6%	11.9%

スキー部（表27）

　　小学校の全体総数（n = 20）、中学校の全体総数（n = 76）と、100件に満たないため削除した。高等学校は、①膝部（30.3％）、②足関節（12.4％）、③手・手指部（9.7％）、眼部（0.5％）の順で多かった。

　　ゴーグル未装着でスキーをした後、雪目と呼ばれる光線外傷を起こすことがある。その予防のために、ゴーグルの装着は重要である。

表27　スキー部の負傷・疾病件数（平成30年度版）

高等学校 n = 185	①膝部	②足関節	③手・手指部
	30.3%	12.4%	9.7%

スケート部（表28）

　　小学校の全体総数（n = 1）、中学校の全体総数（n = 17）と、100件に満たないため削除した。高等学校は、①足関節（28.6％）、②腰部（17.9％）、③頭部（14.3％）、眼部（0％）の順で多かった。

表28　スケート部の負傷・疾病件数（平成30年度版）

高等学校 n = 28	①足関節	②腰部	③頭部
	28.6%	17.9%	14.3%

ボート部（表29）

　　小学校の全体総数（n = 0）、中学校の全体総数（n = 31）と、100件に満たないため削除した。高等学校は、①腰部（21.2％）、②足関節（12.1％）、③膝部（9.1％）、眼部（0％）の順で多かった。

表29　ボート部の負傷・疾病件数（平成30年度版）

高等学校 n = 165	①腰部	②足関節	③膝部
	21.2%	12.1%	9.1%

登山部（表30）

　　小学校の全体総数（n＝0）、中学校の全体総数（n＝18）と、100件に満たないため削除した。高等学校は、①足関節（24.8%）、②膝部（9.6%）、③下腿部（8.3%）。眼部は（0.5%）で、ほとんど発生していない。

表 30　登山部の負傷・疾病件数（平成 30 年度版）

高等学校 n＝218	①足関節	②膝部	③下腿部
	24.8%	9.6%	8.3%

自転車競技部（表31）

　　小学校の全体総数（n＝3）、中学校の全体総数（n＝1）と、100件に満たないため削除した。高等学校は、①肩部（17.5%）、②頭部（12.4%）、③手・手指部（11.0%）。眼部は（0.3%）で、ほとんど発生していない。

表 31　自転車競技部の負傷・疾病件数（平成 30 年度版）

高等学校 n＝355	①肩部	②頭部	③手・手指部
	17.5%	12.4%	11.0%

ウェイトリフティング部（表32）

　　小学校の全体総数（n＝0）、中学校の全体総数（n＝0）と、100件に満たないため削除した。高等学校は、①腰部（20.4%）、②肩部（12.1%）、③膝部（9.8%）。眼部は（0.4%）で、ほとんど発生していない。

表 32　ウェイトリフティング部の負傷・疾病件数（平成 30 年度版）

高等学校 n＝265	①腰部	②肩部	③膝部
	20.4%	12.1%	9.8%

ヨット部（表33）

　　小学校の全体総数（n＝0）、中学校の全体総数（n＝4）と、100件に満たないため削除した。高等学校は、①手・手指部（17.3%）、②膝部と足関節が同じ比率（9.6%）、③頭部（7.7%）。眼部は（1.9%）で、ほぼ発生していない。

表33　ヨット部の負傷・疾病件数（平成30年度版）

高等学校 n＝52	①手・手指部	②膝部、足関節	③頭部
	17.3%	9.6%	7.7%

アーチェリー部（表34）

　　小学校の全体総数（n＝0）、中学校の全体総数（n＝6）と、100件に満たないため削除した。高等学校は、①肩部（21.7%）、②手・手指部（13.0%）、③足関節（10.1%）。眼部は（2.9%）で、ほぼ発生していない。

表34　アーチェリー部の負傷・疾病件数（平成30年度版）

高等学校 n＝69	①肩部	②手・手指部	③足関節
	21.7%	13.0%	10.1%

カヌー部（表35）

　　小学校の全体総数（n＝0）、中学校の全体総数（n＝7）と、100件に満たないため削除した。高等学校は、①腰部（11.5%）、②手関節と足関節が同じ比率（9.8%）、③手・手指部と足指部が同じ比率（6.6%）。眼部は0％だった。

表35　カヌー部の負傷・疾病件数（平成30年度版）

高等学校 n＝61	①腰部	②手関節、足関節	③手・手指部、足指部
	11.5%	9.8%	6.6%

球技に多いスポーツ眼外傷

学校体育部活動で、スポーツ眼外傷は球技で多く発生しており、競技以外では相撲部、ボクシング部で比較的多く発生している。

球技

▷**テニス部（ソフトテニスを含む）**　中学校で全件数中で１番、高等学校では２番目に多く発生（表８）。

▷**ソフトボール部**　小学校で全件数中で２番目、中学校では３番目、高等学校では４番目に多く発生（表９）。

▷**野球部（軟式を含む）**　小学校で全件数中で２番目、中学校は２番目に多く発生（表10）。

▷**卓球部**　中学校で全件数中で３番目に多く発生（表15）。

▷**バドミントン部**　中学校で２番目に多く、高等学校は３番目に多く発生（表16）。

▷**ホッケー部**　中学校では３番目に多く発生（表17）。

武道

▷**相撲部**　高等学校で比較的多く発生（表20）。

その他

▷**ボクシング部**　高等学校で比較的多く発生（表24）。

スポーツでなぜ眼部を打撲するのか

球技の打撲

球技におけるスポーツ眼外傷の原因は、打撲によるものが多い。

▷**球技で用いるボール、シャトルが原因**　ボール（テニス［ソフトテニスを含む］、ソフトボール、野球［軟式を含む］、卓球、ホッケー）やシャトル（バドミントン）が、眼部に当たることによる打撲が最も多い。

▷**球技プレー中のコンタクトが原因**　サッカーやバスケットボールで、コンタクト（身体の接触）は基本的に禁じられているが、プレー中に無意識にコンタクトしてしまうことがあり、肘や手、指、爪などが眼部に当たることがある。

　　球技の中で、ラグビーはタックルによるコンタクトが必須のため、タックルを受けた選手は地面に叩きつけられる。頭部や眼部の打撲を避けるためにも、タックルに入る姿勢やタックルを受けたときの受け身をしっかり習得してプレーすることが重要である。

▷**武道やコンタクトが必然のスポーツ**　相撲、ボクシングにスポーツ眼外傷が比較的多くみられるのは、相撲の突っ張り、ボクシングのパンチなどの技がルールで認められているためで、眼部と合わせて頭部の外傷・障害も比較的多くみられる。

　　発生件数は少ないが、柔道やレスリングの投げ技で、畳やマットに投げられ頭部や眼部を打撲することもある。また固め技で畳やマットに一定の時間押し付けられることで、頭部や眼部を傷めることもある。また柔道やレスリングは、常に相手を掴んでいるため頻度は少ないが、試合中に、相手の肘や手、指、爪などが眼部に当たり打撲することもある。

スポーツ眼外傷の対応

　　スポーツの現場で眼外傷が起こったとき、最も重要なのは、眼が開くか、そして見えるかである[11]。

▷**眼が開かない場合**　重大な場合があるため、無理に眼を開けさせず救急搬送する。

▷**眼が開くが見えない場合**　危険な状態のため、すぐに救急搬送する。

　　※普段は両眼でものを見ているので、視力低下や視野の異常に気づかない場合もある。自覚症状は、片眼をふさいで左右別々にチェックすることが重要である。

病院・眼科医を受診したときに伝えるべき事項
▷**球技のボール、シャトルで打撲した場合**
　　・眼に当たったものの種類、硬さ
　　・飛んで来た方向と速さ
　　・どのような姿勢で当たったのか

▷**身体のコンタクトによる打撲の場合**
　　・相手の身体のどこの部分が当たったのか
　　・お互いにどのような動きで当たったのか

▷**必ず伝えるべき事項**
　　・受傷した時間（受傷してからの経過時間）
　　・眼鏡、コンタクトレンズを装用していたか
　　・頭は強打していなかったか
　　・眼部・顔面から出血はあったか

スポーツ眼外傷の予防

　学校体育部活動の、スポーツ眼外傷の多くが球技で発生しており、球技におけるボールやシャトルの打撲を防ぐことが重要である。

▷**部活動実施時の安全管理**　ソフトボールや野球では、ゴロ捕球時に、バウンドがイレギュラーして眼に当たることがある。練習前にグラウンドをしっかり整地すること、事前にボールを確認して変形したボールはノックで使用しないことなど、環境・用具への配慮が必要である。

　また雨天時の打撃練習では、バットが濡れているため、ファールチップで予期せぬ方向へ打球が飛び、顔面を直撃したという実例がある。雨天時もいつもと同じ練習を行うのではなく、別の練習メニューを取り入れるなどの工夫が眼外傷の予防にもつながる。

▷**指導者の適切な指導**　かつて野球のゴロ捕球で、身体にボールを当てて止めろと指導された時代があった。これは顔や眼部に当たる場合もあり非常に危険だった。胸部にボールが当たる（衝撃が加わる）と、心臓震盪を引き起こす危険性もある[10]ため、現在このような指導はされていない。指導者は、技術習得のために正しい身体の使い方や動きを指導することが重要で、それが眼外傷をはじめとしたケガの予防にもつながる。

　※近年、少年野球では心臓震盪の予防のために胸にハートプロテクターを当てて、打球の衝撃から胸部を守る取り組みが浸透してきた。

▷**スポーツ用保護眼鏡**　スポーツ実施時に、スポーツ用保護眼鏡を装用することで球技における眼外傷の多くを防ぐことができる。

　　しかし日本ではスポーツ用保護眼鏡に対する取り組みは、ほとんど行われていない。理由は、ほとんどの競技種目で製品規格がないこと、その有効性があまり知られていないためで、今後はスポーツ用保護眼鏡の製品規格の作成と、その規格に合った製品づくりや認定が行われることが必要である[14]。

　　そして普及のためにも、装用してもプレーの妨げにならないこと、価格面で安価になること、など様々な改良や工夫が望まれる。

第4章

スポーツと視機能

スポーツにおける視覚の重要性

　スポーツ競技では様々な感覚器から情報を取り入れている。その中でも最も重要なのは視覚といわれている。

　野球界には、野球の神様と呼ばれた川上哲治氏（元読売巨人軍）の「ボールが止まって見える」という有名な言葉が、今も根強く残っている。

　しかし、これと反対の言葉を日本プロ野球とメジャー・リーグで活躍したイチロー選手が残している。彼は2004年7月に、メジャー・リーグ新記録の月間50安打を記録したとき「ボールが常に、やたらと動いて見える」とコメントしている[15]。この野球界の「神様」と「天才」が残した、「止まって」見える、「動いて」見えるという、という逆の表現は、とても大きな意味がある。

　このことはヒトが眼から周囲の状況をどのように取り入れているのか、そして取り入れた情報を脳でどのように処理し、身体をどのように制御しているのか、これら一連のインプットからアウトプットまでの流れが、特別な条件、あるいは特殊な人によっては、流れの処理時間が異なる場合があるということを示している。

　五感の中で視覚から得られる情報量の割合は約87%だと言われているが、眼の見えない人にも視覚皮質はあり、点字を読んでいるときに視覚皮質が活動し、「見る」行為をしていることがわかっている。脳科学の進歩に伴い、「見る」という行為は脳で行われていると考えられている[16]。

　スポーツと視覚の関連について、昔からさまざまな分野で研究が行われてきた。スポーツにおける視覚の重要性はわかっているが、スポーツのさまざまな状況における視覚の役割については、詳しいことはわかっておらず、現在も研究が続けられている[17]。

アメリカで研究が始まった「スポーツビジョン」

　スポーツと視覚に関する研究が、アメリカで始まったのは1930年代[18]といわれている。その後、研究の数は1940年代に4件、1950年代に18件、1960年代74件と徐々に増加していった[19]。1970年代半ばになるとスポーツと視覚の研究は急増し、研究機関の設立が望まれるようになった。

　1976年にOptometrist※の集まりであるAmerican Optometric Association（AOA）にスポーツビジョン研究部門設立の動きが始まり、1978年に、Sports Vision Section（AOA-SVS）が設立された。AOA-SVSは、1979年からスポーツ選手の視覚能力の検査を開始し、1984年にはロサンゼルス・オリンピックにおいて、ビジョン・ケア・センターを提供している。

　1984年には別の研究機関として、National Academy of Sports Vision（NASV）が設立された。AOAが、Optometristだけの集まりに対し、NASVはOptometrist、Ophthalmologist※、Optician※、スポーツトレーナー、スポーツコーチや選手まで参加できる[19]。NASVは現在、International Academy of Sports Vision（IASV）に名称変更されている。

※Optometrist：アメリカの眼に関する国家資格の1つで、O.D.（Optometrist Doctor）の称号がつく。矯正レンズの処方や視機能訓練を行うことができる。日本には、この資格はない。

※Ophthalmologist：M.D（Medical Doctor）は、医師として検査や治療に携わることができる。外科的治療から薬物治療まで施すことができる。日本の眼科医と同じである。

※Optician：眼鏡店の開業に際し責任者として1店に1人が義務づけられている。処方や視機能訓練には直接携わることはできないが、州によっては視力検査やレンズ装用のアドバイスを行うことができる。日本には、この資格はない。

アメリカで考えられている「スポーツビジョン」とは

　アメリカで考えられているスポーツビジョンとは、スポーツと視覚の関係を総合的に研究する医科学であり[19]、その内容は眼科や脳神経外科などの医学から、脳科学、生理学、心理学や体育学などさまざまな分野と関係している。

スポーツビジョンの目的

　アメリカで考えられているスポーツビジョンの目的は、スポーツ選手の視覚能力や視覚と身体機能の結びつきを最大限に発揮させ、運動機能を向上させ、最高のパフォーマンスを発揮させること、そしてよりよい競技成績を獲得しようとすることである。

スポーツビジョンの必要性

　スポーツビジョンの必要性として、以下の3つがあげられる[17]。

1．選手が身体能力を十分に発揮して、競技力の向上を図る

　スポーツ選手が、身体能力を発揮するためには、視覚が機能すること、眼に疾患がないことが必要条件である。スポーツビジョン（検査）によって、これら眼の問題も確認することができる。

2．スポーツ眼外傷を減少させる

　眼外傷は、学校の体育部活動において発生件数が高いわけではない（表2）。しかし重篤な障害に至る例も多く、スポーツビジョン（眼の保護）によって、スポーツ眼外傷を減少させることは重要である。

3．新たな視機能や視覚能力が解明できる機会になる

　スポーツという特殊な状況での、視覚能力や視覚と身体の関連性が体系的に研究されることで、多くの可能性が広がる。スポーツだけでなく、日常生活における子どもや高齢者の視覚と身体の関連など、今まで明らかになっていない機能や能力が解明されれば、子ど

もの発育、高齢者の健康などに寄与する可能性も考えられる。

４つの前提条件「検査」「矯正」「保護」「強化」

　　アメリカで考えられている、スポーツビジョンの目的実現のためには、次に説明する「検査」「矯正」「保護」「強化」という、４つの前提条件が必要である。

▷「検査」　スポーツ選手が、各競技で必要な能力を測定し、各競技特性に合わせた分析・評価をすること。そのためにアメリカの検査項目は、視機能の測定、視覚能力の測定、視覚と身体の協調性の測定など、測定項目は多岐にわたっている。

▷「矯正」　スポーツ選手の低下している視覚能力を矯正して、競技力を向上させようとすること。その方法として、視力矯正と視覚矯正が考えられている[17]。

　　視力矯正は、視力の低下している選手に、コンタクトレンズや眼鏡を装用させ、視力を向上させようとするもの。

　　視覚矯正は、バランスボールやバランスボード、バランスディスクなどを使用して、選手の視覚の能力を向上させようとするもの。

▷「保護」　スポーツ競技中に起こる眼外傷や環境からスポーツ選手の眼を保護して、競技に専念できるようにすること。

　　眼を保護する道具として、眼外傷にはスポーツ用保護眼鏡、眼の環境に対してはサングラスなどが考えられている。

▷「強化」　視覚能力や視覚と身体の協調性、視覚情報のイメージ化など、さまざまな能力をトレーニングして、それらの能力を向上させることで競技力の向上を図ろうとすること[17]。

アメリカのスポーツビジョン検査項目

　アメリカIASVの、SPORTS VISION MANUALにおける検査項目（表36）を示す。スポーツ競技中、選手は視線や注意を対象者や対象物だけでなく、周囲の状況にも分散させている。

　そこで、アメリカのスポーツビジョン検査には、スポーツ選手のための測定であることを重視した特徴が2つある。

　1. 視機能だけでなく視覚能力や、視覚と身体の協調性（眼と手と体の協調性）など、スポーツ競技において選手に必要と思われる能力を測定 [17, 20]。

　2. スポーツ競技中、選手の視覚能力は身体を安定させた測定より、身体を不安定にした測定の方が、より的確であるという理由から、一部の検査では選手の身体をあえて動的な状況において、不安定な状態で測定 [20]。

表36　スポーツビジョン・マニュアル（IASV）検査項目

①視力（Visual Acuity） 　静止視力（Static Visual Acuity） 　動体視力（DVA：Dynamic Visual Acuity） 　コントラスト感度（Contrast Sensitivity）
②眼球運動（Eye Movement） 　滑動性眼球運動（SPM：Smooth pursuit movement） 　衝動性眼球運動（SM：Saccadic movement） 　遠近運動
③調節（Accommodation）
④両眼視機能（Binocularity）
⑤中心部 / 周辺部の感知力（Central/Peripheral Visual Awareness）
⑥眼と手と体の協調性（Eye-Body Coordination）
⑦適応力（Adjustabillity）
⑧視覚化能力（Visualization）

日本における「スポーツビジョン」

　1986年にAmerican Optometric Association - Sports Vision Section -（AOA-SVS）の研究者フィリップ・スミス氏を白山晰也氏（㈱東京メガネ社長：当時）が日本に招き「スポーツビジョン講演」を開催した。これが日本におけるスポーツビジョンのルーツとされている。白山氏は同年スポーツビジョンセンター（図26）を開設し、さらに1988年にはスポーツビジョン研究会の発足にも尽力した。

図26　スポーツビジョンセンター

　1988年から2006年頃までは、スポーツビジョンの測定方法が確立されておらず、測定者によって結果にばらつきが多く存在した。しかし2007年に専任者が測定を行うようになって、ある程度の再現性がある測定ができるようになった。

　研究会は過去30年間で約3,500人の測定を実施しているが、2007年以降に実施した測定者は1,000人弱で、これもあらゆるスポーツ選手、学生、審判、一般の合計数である。各スポーツの競技特性に合わせた根拠ある結果をフィードバックするためには、まだまだ測定者が少なすぎる。

　研究会は、2018年1月に一般社団法人日本スポーツビジョン協会と改称、同年10月からエビデンスのある活動を目指し長田夏哉（代表理事：スポーツドクター）を中心としてリブートさせた。

過去のスポーツビジョン測定

　1988年から研究会は、スポーツビジョン測定を行ってきた。当初は11項目で測定を開始したが、その後8項目の測定に変更して30年間続けてきた。しかしこの8項目では単眼、裸眼と矯正視力の比較、両眼視機能を測定しておらず眼科的に大きな課題があった。さらにある項目では、さまざまな要因から再現性の低い測定器を使用していたという問題もあった。

　測定結果のまとめ方は、実施した8項目それぞれを研究会が20年以上前に、独自に定めた5点満点の5段階で評価し、合計点が40点満点に近いほうがよいという独自の評価（図27）をしていた。

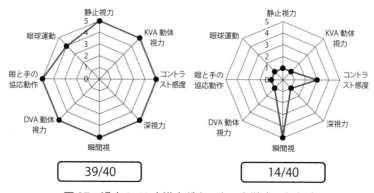

図27　過去の40点満点がよいという独自の評価表
（20数年前に独自に定めた5点満点の合計点）

　測定対象者の年齢、スポーツ競技種目、競技レベルが異なっても、20年以上独自の同じ方法で評価していた。これでは年齢別、競技別、競技レベル別に医科学的に意味のあるフィードバックとはいえず、測定者からの細かな要望に応えることができなかった。

　これらの理由から、一般社団法人 日本スポーツビジョン協会は2019年4月からスポーツビジョン測定項目を一新させ、それぞれ矯正の考え方も整理した。評価方法も測定者にとって最新かつ本当に意味のあるフィードバックが行えるように、評価基準を常に更新させていく予定である。

新スポーツビジョン測定項目・矯正の考え方

　矯正とは、スポーツ選手の低下している視覚能力を矯正して、競技力を向上させようとすることである。視力・両眼視機能には視力矯正が、感知力・適応力に視覚矯正が考えられる（表37）。

表37　新スポーツビジョン測定項目・矯正の考え方

測定項目	矯正の考え方
◎視力	視力矯正
◎両眼視機能	
◎感知力（中心部）	視覚矯正
◎適応力	

　新スポーツビジョン測定では、視力矯正が必要という評価が出た選手には、まず視力矯正を勧める。視覚矯正には、さまざまなスポーツビジョントレーニング種目（表39）を提案する。

新スポーツビジョン測定の項目・種目

　新スポーツビジョン測定項目・種目は（表38）の通り。

表38　新スポーツビジョン測定項目・種目

測定項目	測定種目	
視力	○静止視力	単眼、両眼
	○ KVA 動体視力	両眼
両眼視機能	○深視力	
	○立体視	
感知力（中心部）	○瞬間視	
適応力	○眼と手の協応動作	

新スポーツビジョン測定種目の説明
視力

▷**静止視力** 一般に視力として測定される。視力検査は、2点または2線が離れている単位指標（図14）を識別できる能力を測定する。

▷**動体視力（KVA：Kinetic Visual Acuity）** 前方から直線的に時速30kmで接近してくる単位指標（図14）を、正確に読むことができるか測定する。静止視力とKVA動体視力は、同じ測定器（図28）で測定ができる。この測定器は、自動車運転免許更新の際、静止視力の測定で用いられている。

図28 静止視力／KVA測定器

両眼視機能

両眼視機能検査には、深視力と立体視がある。

▷**深視力** 奥行きを認識する感覚。遠方と近方で離れた2点の距離の差

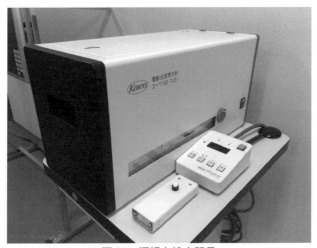

図29　深視力検査器具

を区別できる最小値を立体視差であらわす。深視力検査器（図29）
で測定する。深視力測定の要素の中に、立体視機能遠近感覚が含ま
れる。

▷**立体視**　左右の眼の網膜に映った映像のズレで外界を立体的に感じる・
見ることができる能力。立体視は、観察対象の位置を判断する静的
立体視と、動きを判断する動的立体視がある[2]。新スポーツビジョ
ン測定では静的立体視を立体視検査器具（図30）で測定する。

図30　立体視検査器具

感知力

　短時間の視覚刺激によって記憶できる視覚情報を保存する能力を測定する。中心部の感知力、瞬間視力ともいわれる。

▷**瞬間視**　９つの数字を表示し、記憶した数字の正解数を測定する。測定にはV-training Ver.2（図31）を用いる。

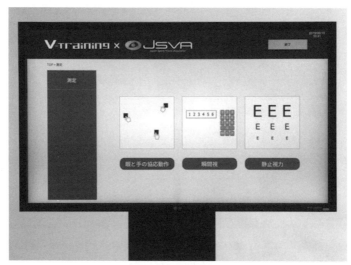

図31　V-training Ver.2

　過去のスポーツビジョン測定で、瞬間視の測定は、旧機材：タキストコープを測定者が手動で操作して６桁の数字を表示していた。そのため表示されるまでのタイミングや表示時間が一定でなく、測定者の経験や技量に大きく左右され、再現性が低いものだった。タキストコープで表示される画面の照度は、周囲が暗い場合447（ルクス）〜周囲が明るい場合830（ルクス）と周囲の明るさによって見え方が大きく左右されていた。またトップアスリートは、６桁の数字をほぼ短期記憶できることもわかっていた。
　V-trainingは、測定者が手動で操作しないため表示までのタイミングや表示時間が一定で再現性が高く、表示画面も周囲の明るさに左右されない。さらに９つの数字の測定が実施できるため、トップアスリートにも対応できる。

適応力

　　視覚能力や視覚と身体の協調性など、スポーツ競技において選手に必要と思われる適応能力を眼と手の協応動作で測定する。

▷**眼と手の協応動作**　ランダムに点灯するライトを指先で押し、その速さを測定する。測定にはV-training Ver.2（図31）を用いる。

　　過去のスポーツビジョン測定で、眼と手の協応動作の測定は、旧機材：Acu Vision（図32）を用いてランダムに点灯する120個のライトを指先で押す速さを測定していた。しかし120個のライトが点灯する箇所は決まっており、この箇所が他の画面と色の濃さが異なるため、測定前に点灯箇所が把握できてしまうことが課題だった。

　　V-training（図31）ではランダムに点灯する箇所が限定されておらず、事前に予測することができない。開始するまでの時間も常に一定で、測定の精度・再現性が旧機材より高くなった。

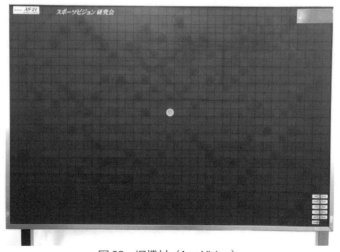

図32　旧機材（Acu Vision）

過去のスポーツビジョン測定から削除した種目と理由

▷**コントラスト感度**　過去のスポーツビジョン測定では、5つの縞の間隔で縞模様の明暗が異なるコントラスト感度表（図33）を用いて、微妙なコントラスト（明度の差）の違いを認識できるか測定していた。

　この測定は高齢者や白内障患者には、とても重要な意味がある。しかし静止視力との相関が高いためトップアスリートは静止視力を単眼、両眼で正しく測定する方が有意義という理由から削除した。

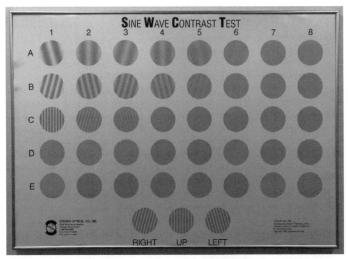

図33　コントラスト感度表

▷**眼球運動**　過去のスポーツビジョン測定では、パソコン画面にランダムに表示される2色の違いを見分けることで、眼球運動の測定として実施していた。

　しかし旧機材のパソコン画面に表示される色は「緑色」と「黄色」の2色だった。この色の配色は、色覚異常の人には識別しにくい色の組み合わせである。

旧機材は眼球運動の測定以前に、色の配色に問題があったため、削除した。新スポーツビジョン測定では、眼科医からの意見や提言を重視して色の配色にもしっかり配慮していく。

▷ **DVA動体視力**　過去のスポーツビジョン測定では、DVA動体視力測定として眼の前のスクリーンに左→右、または右→左の一方向のみに減速回転運動する目標を正確に読めるか、回転数／分を測定していた（図34）。しかし動体視力は医学的根拠や測定している要素が明確になっていない[21]ため、DVAを回転数という基準で測定を行うことが妥当なのか医学的に検証する必要がある[21]という報告がある。

　大学の野球選手と一般人でDVA測定を行ったとき、追視を許す条件では野球選手が優れ、視線を固定する条件では成績に相違はなかった[22]。DVA測定を行うときは、視線を一点に固定するのか左右に動く目標を追視するのか明確な指示を出す必要がある[23]が、指示が測定者により異なり統一されていない。

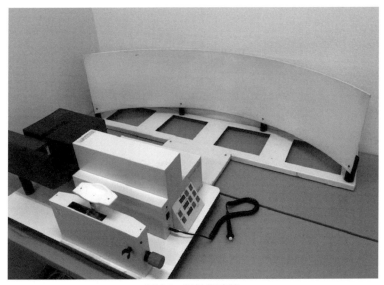

図34　DVA測定器

このような測定条件の不統制が測定結果のばらつきにつながっていた[23]。

その他機器の測定精度が低く、測定方法が標準化されていない[20]、検査結果が団体や研究者によって異なり客観的に評価しにくい[20]、結果にばらつきがある理由の一つが測定法や分析法である[24],[25]など、課題や問題が多かった。

近年の研究報告では、DVA動体視力には、衝動性と滑動性の眼球運動の影響がある[26]といわれており、DVA動体視力は「速いものが見える」という意味で捉えられていることもあるが、「どれだけ眼を速く動かせるか」という解釈が正しい[27]とされる。

近年アメリカでは、DVF（Dynamic Visual Focus）という新解釈で、動いているものに対して「どれだけ眼を速く動かして照準を合わせられるか」さらに照準を合わせたものに手や足、身体を反応させて、的確に動いているものを「捉えることができるか」という考えに進化している。

これらの理由から新スポーツビジョン測定からDVA動体視力は削除して、衝動性と滑動性の眼球運動とDVFの考えを合わせてトレーニング種目として活用していく。

新スポーツビジョントレーニング項目

　　一般社団法人 日本スポーツビジョン協会は、2019年4月からスポーツビジョントレーニング項目を設定した（表39）

表39　新スポーツビジョン測定項目、トレーニング項目

①眼球運動（Eye Movement） 　◎滑動性眼球運動（SPM: Smooth Pursuit Movement） 　◎衝動性眼球運動（SM: Saccadic Movement） 　◎動体視調節（DVF: Dynamic Visual Focus）
②中心部 / 周辺部 感知力（Central/Peripheral Awareness） 　◎瞬間視（Visual Reaction Time） 　◎中心部の感知力（Central Awareness） 　◎周辺部の感知力（Peripheral Awareness）
③適応力（Adjustability） 　◎眼と手・足・身体の協応動作（Eye-Hand-Foot-Body Coordination）
④視覚化（Visualization） 　◎俯瞰図（Bird's Eye View）

①眼球運動（Eye Movement）

　　眼球運動には外眼筋（図9）が関わっている。各視線方向で主に働く外眼筋を（図35）に示す。作用が反対方向の筋を拮抗筋とよび、左右眼で作用方向が同じくペアになる筋は共同筋とよぶ[28]。眼球運動のトレーニングはV-training Ver.2（図31）を用いて行うことができる。

▷**滑動性眼球運動（SPM：Smooth Pursuit Movement）**　ある速度で動く対象物を追従して見るときに起こる。フィードバック制御で視標速度に一致した眼球運動速度を保ち、視対象を中心窩上に保つ。通常、最大45°/s程度まで追従可能[28]である。

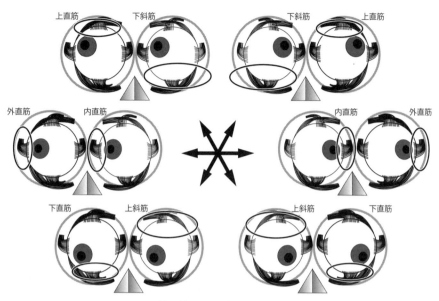

図35　外眼筋の作用方向（文献 28 より）

▷**衝動性眼球運動（SM：Saccadic Movement）**　視線を変えるときに起こる速い運動で（400°/s 程度：運動の大きさと最大速度との間に一定の対応関係がある）、目標位置へプログラム制御されているので、途中で軌道を修正できない[28]。これは日常的な視線移動運動のほとんどを占める。

▷**動体視調整（DVF：Dynamic Visual Focus）**　動いているものに対して「どれだけ眼を速く動かして照準を調節できるか」さらに照準を合わせたものに手や足、身体を反応させて、的確に動いているものを「捉えることができるか」という考え。

　スポーツ選手がプレー中に、動きながら対象者や対象物を見るとき、選手の眼には視対象を見るための眼球運動と身体のコントロールと関係のある眼球運動が起こっている[20]。頭部と眼球は、協同して働きながら対象を捉えている[21]。

②中心部／周辺部 感知力（Central/Peripheral Awareness）

　　短時間の視覚刺激によって記憶できる視覚情報を保存する能力をいう。瞬間視、中心部の感知力、周辺部の感知力がある。

▷瞬間視（Visual Reaction Time）

▷中心部の感知力（Central Awareness）

▷周辺部の感知力（Peripheral Awareness）

　　これらのトレーニングはV-training Ver.2（図31）を用いて行うことができる。瞬間視の測定では、9つの数字を表示して記憶した数字の正解数を測定するが、瞬間視、中心部／周辺部の感知力のトレーニングでは数字に限定せずさまざまな形・色のターゲットを用いてトレーニングを行うことができる。

③適応力（Adjustability）

　　野球の打者がカーブボールを打つときの適応力を例にあげる。カーブボールは物理的に計測できる現象である。球にかかるスピンによって力の不均衡が生み出され、球は放物線の軌道を描く[29]。この放物線と、球を回転させる力ごとの知覚した速度との差を示すと、ホームプレートから20フィート（6.1m）離れた地点で、バッターは打つ判断をして、注視点が変化する（目をシフトさせる）と考えられる。

　　モーメントごとの知覚速度を用いて、このポイントからボールの軌道の認知を予測すると、中心視野でより長くボールを見続けることができた打者ほどグラフの放物線軌道と認知のズレが小さい[29]。中心視野でボールを見続けることのできる打者は、知覚上の不連続な移行が少なく、カーブの軌道と認知のズレが小さいといえる（図36）。中心視野から周辺視野へ、逆に周辺視野から中心視野へ視点を変えることにより、知覚的な「ジャンプ」が生み出される[30]。この

第4章 スポーツと視機能

79

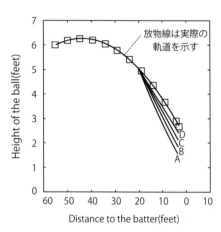

各線は、バッターの視野の移動がいつ起こったかによって、20フィート先からその後の実際の軌道とのズレを線形で表示している。視野の変化が20フィート先で起こると、Aのように実際の軌道から大きくずれることを示す。同様にBは15フィート先、Cは10フィート先、Dは5フィート先で、視野の変化が起きたことを示している。AよりDのほうが、実際の軌道とのズレが少ない。

図 36　打者の視野移動と実際の放物線軌道の認知のズレ（文献 29 より）

視覚処理の違いに基づき、スポーツ競技では対象を中心視野で捉え続け、それを身体機能へ結びつける適応力が重要になるといえる。

▷眼と手・足・身体の協応動作（Eye Hand Foot Body Coordination）

これらのトレーニングはV-training Ver.2（図32）を用いて行うことができる。

④視覚化能力（Visualization）

人間の視覚系は像のすべての部分を同等に扱うわけではない。像の中心部分は中心窩に投影され、中心近く、あるいは周辺部と比較して高い解像度で処理される。中心部と周辺部との間での解像度の差は非常に大きいにも関わらず、通常は視覚空間が乱されることはない。

つまり野球の投手が投げるカーブボールが、ホームベースに近づくにつれて急激に落ちるように変化したり、大きく不連続に変化したりするのは、中心視野と周辺視野の視覚処理の違いにもとづく打者の目の「錯視」に過ぎない[30]。

しかしプロ野球のトップ選手の中には「ボールの縫い目まで注視して、あるポイントの縫い目の動きから、その後の軌道も予測でき

る」といった、常識では計り知れない卓越した感覚を持っている選手が実際にいる[31]。さらに「バットの芯を縫い目に当てて揚力を出し、打球を遠くに飛ばす」「バットの芯が、ボールの縫い目に当ったことが感覚的に分かる」というコメントも残している[31]。プロ野球のトップ選手は、より長く中心視野でボールを見続けており、それゆえ錯視の影響を受けずにボールの軌道を判断し、さらにそれらを的確に処理する視覚化能力があると推察される。

　視覚能力を、アスリートの身体機能やパフォーマンス発揮に結びつけるための適応力（Adjustability）、視覚化能力（Visualization）は最も重要なポイントだが、エビデンスは海外でもまだ少ない。

　今後、スポーツ競技の現場・実際のプレーにおける選手の主観も取り入れながら、脳科学の専門家による医科学的な実証研究が進み、根拠あるエビデンスがスポーツの現場にフィードバックされていくことが望まれる。こうした現場と研究分野を結びつけていくことがスポーツビジョンに課せられた重要な「使命」だといえる。

▷**俯瞰図（Bird's-Eye View）**　これらのトレーニングはV-training Ver.2（図31）を用いて行うことができる。

第4章　スポーツと視機能

81

スポーツビジョントレーニングの考え方

　ビジョントレーニングだけでスポーツ選手の競技力を向上させることはできない。しかし選手の視覚能力や視覚と身体機能の結びつきを最大限に発揮させることで、運動機能を向上させ最高の競技パフォーマンスを発揮させることは可能である（図37）。

1. 視覚能力を最大限に発揮させるために
　　正確に、素早く、多くの情報を得る必要がある。

2. 視覚と身体機能の結びつきを最大限に発揮させるために
　　視覚と身体機能の協調性、巧緻性を強化することが必要。そのために視覚のイメージ化が必要となる。さらに基礎体力と競技に必要な専門体力を強化・トレーニングして向上させる必要がある。

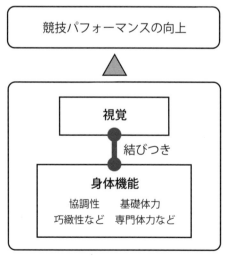

図37　スポーツビジョントレーニングの考え方

フィードバック制御とフィードフォワード制御

　パフォーマンスは、視覚などの外界情報、脳、そして身体機能によって成される。そして外界情報を介して脳と身体との間では、フィードバック制御（以下FB制御）とフィードフォワード制御（以下FF制御）の2種類の運動制御が働いている。

　感覚−制御系においては、受容器・神経伝達・神経情報処理などにより生ずる時間遅れがあるため、FB制御のループ内の時間が大きい。このため大きすぎるフィードバックゲインは運動を不安定にするために、単純なFB制御系だけでは、精度と安定性を確保できない。このためにFF制御が必要となる。

　目標まで手を伸ばす運動をフィードフォワードで実現するには、腕の軌道計画、視覚座標系から関節角や筋の長さなど、身体座標系への座標変換、軌道を実行するための制御問題を解かなければならない。このようないわゆる不良設定問題をヒトは上手に行っている。何らかの拘束条件を最適化原理に基づいて、ヒトはこの問題を解決し、運動や対象物操作を行っていると考えられる。

　FB制御とは、動作の結果から得た情報を活かす方法で、初心者のパフォーマンスはFB制御によることが多い。

　たとえばスキーの場合、初心者はコブに乗りバランスを崩して初めて自分が転びそうだと知り体勢を整えようとする。身体での情報を脳に戻し、パフォーマンスを調整している。ただしこのFB制御だと緩斜面なら対応できるが、経験したことがない急斜面のコブだとバランスを崩したときにはタイミングが遅く、転倒してしまう。

　野球のカーブボールへの対応では、ファウルチップを繰り返すことなどでタイミングの誤差を補正してゆき、少しずつボールを的確にヒットできるようにすることである。ただこれでは予想以上の変化量、回転数の多いボールには対応できずに空振りすることになる。

　FF制御とは、動作の結果から原因をあらかじめ予測して制御する方法で、熟練者のパフォーマンスがこれにあたる。アスリートが「からだが覚えている」という表現をする状態のことである。

スキーの場合、熟練者はコブを前にした際に無意識に前傾し、膝を柔らかくして備え、自分の身体がコブによってどう動くかをイメージしてパフォーマンスを発揮する。

　野球の場合、投手の投球フォーム、腕の振り、ボールの軌道などからどこに来るか予測して、当てにいくのではなく自分のスイングでバットを振りヒットすることになる[32]。

　最高のパフォーマンスを発揮するためには、適応力を高めることが挙げられる。それには脳の内部モデルをFB制御からFF制御に移行して、FF制御で適応できる範囲を拡げることである。そのための方法として、運動動作を繰り返し行うこと、つまり練習・鍛錬・経験を積むことでFB制御を繰り返し、誤差をなくしていくことがある。これをフィードバック誤差学習と言い、誤差がゼロになると「からだが覚えている」という状態となる[33]。

　フィードバック誤差学習において、視覚からの情報はとても多いため、視覚能力を最大限に発揮して、より正確に、より素早く、より多くの情報をインプットする重要な役割が求められる。また競技特性に応じて必要な視覚能力を高めることで、さらに効率よく誤差をゼロにして適応力をアップさせることができると考えられる。

　もう１つの適応力アップの方法として、視覚化能力（Visualization）による方法が考えられる。脳には、実際に運動をしていなくても同じ運動をイメージすると同時に発火するミラーニューロンの存在が確認されている。つまりこのミラーニューロンを使い、脳内で理想のパフォーマンスを視覚化することでFF制御に移行する方法である。

　これは目の見えない人にも大脳新皮質に視覚皮質があり、点字を読んでいるときに視覚皮質が活動し、「見る」行為をしていることと同様に、目で見えるのはなく"脳でみる"という方法である。

　野球選手の"ボールの縫い目まで見える""ボールが止まって見える"などの経験は、おそらく"脳でみる"状態であるのではないか、つまり目で見ているのではなく、脳内で構築されたFF制御の内部モデルによって映し出された映像を感知し、それを眼で見てい

ると認知している可能性が考えられる。

　トップアスリートは極限の集中状態になると、全体を俯瞰で見ることができ、最近ではこの状態を"ゾーンに入る"と言っている。この"ゾーンに入る"状態については、脳科学的にも全てを説明できていないため、"脳でみる"状態との関連性の解明が当協会の研究テーマの一つである。

　脳への外界情報のインプット方法には視覚、聴覚、嗅覚、体感覚などがあり、個々によってその優位性が異なると思われる。

　競技者自身が自分のインプットパターンを理解しておくことは、自分に合ったトレーニング方法、競技スタイルの確立やパフォーマンスの向上につながると考えられる。また団体競技では適正ポジションの見極めにも役立つことが期待できる。

スポーツビジョンの誤解①

　日本におけるスポーツビジョンの大きな誤解は、「スポーツビジョン測定の評価だけで、選手の競技能力が判断できる」、「視機能のトレーニングで競技力を向上させられる」と一部の研究者や選手、コーチが考えている[34] ことである。

　象徴的な事例がある。「プロ野球の1軍で、常時スタメン選手のスポーツビジョン測定の評価は、登録外選手に比べて統計的に有意

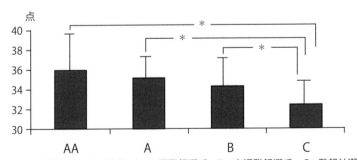

AA：1軍で常時スタメン選手、A：1軍登録選手、B：出場登録選手、C：登録外選手

図38　スポーツビジョン合計得点と競技力の関係（文献35より）

に高かった。1軍登録選手は登録外選手に比べて、出場登録選手は登録外選手と比べて同評価が有意に高かった」という報告[35]が過去にあった（図38）。この結果から、スポーツビジョン測定の評価で、選手の競技成績が判断できると考えるのは非常に危険である。

　その理由は、このプロ野球球団は、有意差の原因を徹底的に調査した結果、登録外選手には屈折異常にもかかわらず、矯正をしていない選手が多く存在していたこと、左右で静止視力が異なる選手が存在していたことなどが判明した。これらの選手に適切な矯正を施した結果、上記の有意差は全て解消された。スポーツビジョン測定の評価だけで、選手の競技能力を判断するのは早計なのである。

スポーツビジョンの誤解②

　スポーツ競技能力には、視機能以外にも運動能力、経験、競技スキル、メンタル、判断力、認知能力、戦術、戦略など様々な要素が関与している。つまりスポーツビジョン測定の評価だけで、選手の競技能力を判断することはできない[36]。

　「視機能のトレーニングで競技力を向上させられる」とする、ビジョントレーニングにも誤解が多い。中には「ビジョントレーニングをすれば視機能は向上する」、というものもあるが、これらのエビデンスは明確でない[34]。さらに2019年現在ビジョントレーニングの方法が推奨する人によって異なっていることから、それらの効果の客観的な評価ができていない[34]。

　前述した事例（図38）から、視機能の評価だけで競技能力を判断してしまうと、登録外選手が2軍、1軍に昇格する可能性を一気に奪うかもしれない。こうした誤った考えがスポーツ界に広まってしまうと、視覚能力のよくない子ども達のスポーツにおける将来の夢を奪ってしまうことにもつながりかねない。

　たとえ視覚能力が劣っていたとしても、他の様々な機能や能力を駆使して、世界を舞台に活躍しているアスリートはたくさんいる。スポーツに視機能は重要だが、それが競技成績まで大きく左右するものではない。

日本にはスポーツビジョンの誤解も多いが、スポーツと視覚の研究に真摯に向き合う医師や研究者も多い。エビデンスのある内容を常に確認して、誤解に惑わされないよう、現場の選手や指導者も真摯にスポーツビジョンに向き合う必要がある。スポーツビジョンの目的は、アスリートファーストであるべきで、決して選手の夢を奪うものになってはならない。

スポーツビジョンのエビデンス

　2019年現在、スポーツビジョンに関する眼科や視覚の専門分野で、客観的な評価やエビデンスは未だに確立されていない[18]。優れた視覚能力は、競技力の必要条件であり、絶対条件ではないといえる。そのため「スポーツビジョンで視覚能力が向上する」、「スポーツビジョンで競技力が向上する」などの表現は、医科学的な見地から考えると、使うことはできない。

　視覚から得た情報を、競技力（身体パフォーマンス）につなげることが大切だが、競技力を向上させるためには静止視力の矯正（屈折異常の矯正）が最も確実である[34]という根拠ある報告がある。

　かつてプロ野球では、眼鏡をかけている選手は大成できないと言われた時代があった。しかし適切な視力矯正を行っていれば、野球のパフォーマンスに影響はない[37]ことが分かっている。

　スポーツ選手は、静止視力を測定すること、そして必要があれば視力矯正（屈折異常の矯正）をすることが、第一に重要といえる。

　一般社団法人 日本スポーツビジョン協会は、2018年10月に“スポーツビジョン”を、「スポーツと視覚の研究、スポーツに必要な視機能の総称、眼からの情報を出力する際の身体制御及び身体パフォーマンス、これらの総称」と定義した[16]。

　そして、いかに視覚とパフォーマンスを効率よくかつ有効につなげるか、という新たなテーマに応えていくために日本スポーツビジョン医科学研究会を設立し、協会の医科学分野を特化、活動を独立させた。日本スポーツビジョン医科学研究会は、視覚・脳・肉体の関連性を科学的に解明するために多方面の専門家で構成されている。

　「全ての人が、自分の最大限のパフォーマンスを発揮して生きる」という願い[16]のもと、同協会は2019年4月から、プロスポーツ、トップアスリート、パラアスリートなどのスポーツ選手のパフォー

マンスアップをサポートし、さらには子どものスポーツ教育や高齢者、障がい者のQOLの向上につながるように、より多くの方々、より多くの社会的分野に“スポーツビジョン”への認識を高める啓発活動も開始した。

疲労と脳の関係

　長らく疲労は、運動により筋肉などの末梢組織に乳酸が溜まることにより生じている状態であると言われてきた。しかし近年の研究により、この説は否定されている。運動疲労には様々な要因があるが、「脳の疲労」が関係していると考える研究者もいる[38]。

　脳では運動中、「自律神経の中枢」である視床下部・前帯状回で常に心拍、呼吸、体温を調節しているため、運動負荷が大きいほどこの「自律神経の中枢」への負担が増大し、神経細胞が活性酸素で酸化されていく。つまり、「自律神経の中枢」の神経細胞が酸化されることにより細胞内に老廃物が蓄積し、その結果として、血液中に放出される疲労因子（ある種の機能性タンパク質）が増加した状態も疲労と考えられている。

　人体にとって問題となるのが、物理的"疲労"の程度と、主観的な"疲労感"にズレが生じること、つまり疲労が増大しているにもかかわらず、それを感じなくなるという状況である。
　これは、人間が他の動物と異なり前頭葉が発達していることに起因する。人間では、意欲や達成感を感じるとβ-エンドルフィン、ドーパミン、カンナビノイドといった脳内物質が分泌され、多幸感や快感に似た感覚を引き起こす。

疲労と脳の関係については、まだ解明されていないことが多いが、"疲労"と"疲労感"をズレなく評価できるようになれば、練習量・練習内容を調整することにより、ケガの発生を未然に防ぐことができるかもしれない。また安全かつ効果的な"追い込み練習"を実施することでパフォーマンス向上につなげられる可能性もある。

　現在の疲労の他覚評価法には唾液中のヒトヘルペスウイルスの測定などがあるが、視覚能力測定も簡便かつ非侵襲的な評価法として、疲労のスクリーニングの一助となることが期待される。

第5章

年齢と眼の機能

園児、児童、生徒の視力

　2018年3月に公表された文部科学省 平成29年度学校保健統計（学校保健統計調査報告書）[39] 健康状態調査で、裸眼視力が1.0未満の者は小学校および中学校で増加傾向にあり、過去最高を示した（図39）。

裸眼視力

　①平成29年度の「裸眼視力1.0未満の者」の割合は、幼稚園24.48％、小学校 32.46％、中学校56.33％、高等学校62.30％となっている。前年度と比較すると幼稚園及び高等学校では減少しているが、小学校及び中学校では増加しており過去最高となった。

　②視力非矯正者（眼鏡やコンタクトレンズを使用していない者）のうち「裸眼視力0.7未満の者」の割合は、幼稚園5.65％、小学校13.56％、中学校19.44％、高等学校18.77％となっており、前年度と

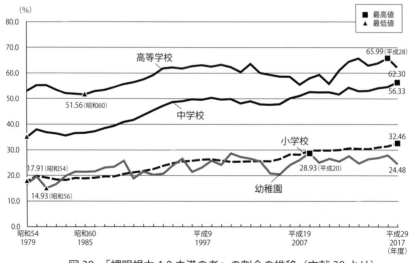

図39　「裸眼視力1.0未満の者」の割合の推移（文献39より）

比較すると幼稚園及び高等学校では減少しているが、小学校及び中学校では増加している。

園児、児童、生徒の視力

裸眼視力1.0未満の者の子世代・親世代の比較

　　裸眼視力1.0未満の者は、親の世代（30年前）に比べて子世代では多くなっている（図40）。

子世代：平成29年度調査
親の世代（30年前）：昭和62年度調査

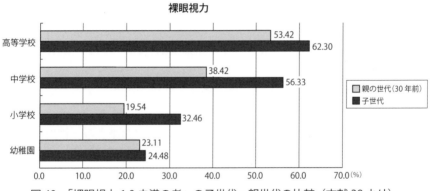

図40 「裸眼視力1.0未満の者」の子世代・親世代の比較（文献39より）

年間発育量の世代間比較（身長・体重）

　年間発育量を世代間で比較すると男子、女子ともに身長、体重のいずれも現在に近い世代ほど早期に増加している。発育量は、身長で男子11歳前後、女子9歳前後、体重で男女ともに11歳前後に大きくなっている（図41）。

　発育には、第一次成長期（0～4歳くらい）と第二次成長期（男子11～14歳くらい、女子9～12歳くらい）がある。第一次成長期には、身長や体重などの身体の発育がみられるが、第二次成長期は身体だけでなく運動神経、自立神経などの神経系の器官も発達する。

　人の成長とは、質的な発達と量的な発育があり、遺伝子やホルモン、栄養素や運動などの個人の生活環境などの相互作用によって決定される。

　発育は、細胞の数が増加する増殖、細胞のサイズが大きくなる肥大がみられる。

　発達は、身体の機能の働きの向上、機能の相互関係の向上がある。

　成熟とは、生物学的な機能の発育状況を意味する。性的な成熟は、生殖可能な状態を意味する。また骨の成熟とは、成人の骨格のように骨化した状態である。

※「平成11年度生まれ」は平成29年現在17歳（高校3年生）、「昭和44年度生まれ」は親の世代の17歳、「昭和19年度生まれ」は祖父母世代の17歳の数値。

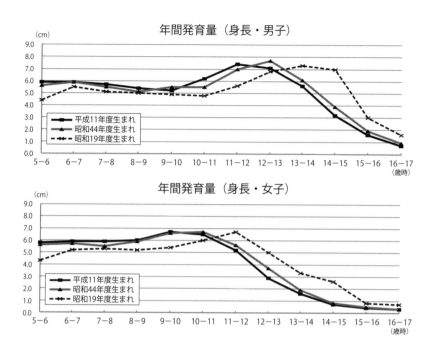

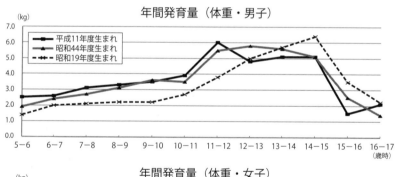

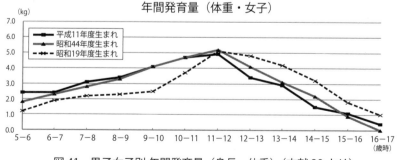

図41 男子女子別 年間発育量（身長・体重）（文献39より）

発育曲線とスポーツビジョンの誤解

　スキャモンの発育曲線（図42）は、人の身体諸属性を一般型、神経型、生殖型、リンパ型の４つのタイプに分類している。

> ▷**一般型**：身長や体重、筋量や骨格、呼吸器系や心臓血管系、肝臓、腎臓などの胸腹部臓器の発育を示す。
>
> ▷**神経型**：脳の重量や眼、上部顔面、頭骨などの構造的な発育を示す。
>
> ▷**生殖型**：男児の陰茎・睾丸、女児の卵巣・子宮などの発育を示す。

　これは本質的には間違っていないが、４つの発育曲線のタイプが本当に独立しているのか（相違性を示すのか、類似性を示すのか）検証する方法が確立されていない[40]。

　成長期の９〜11歳をゴールデンエイジと呼び、この間の神経系の発育がその後のスポーツ能力を大きく左右するといわれている。その根拠となっているのが、スキャモンの発育曲線の神経型である。

　それに便乗して「神経系が発達する時期に、ビジョントレーニングをすれば視機能が向上し、競技力が高まる」という誤解がある。

　スキャモンの発育曲線の神経型は、脳重量の発育を示している。視機能の発育までは示していない。さらに９〜11歳時にビジョントレーニングで視機能が高まったり、競技力が向上するというエビデンスはない。また人の発育には個人差があり、発育量も個人や世代によって異なる（図41）。誰もが神経系の発育は11歳で終わると決めつけることも危険である。

　視力の発達は６歳頃には完成される。視覚に問題がないか早期発

見が重要である。そのためには３歳児検診での視力検査や、就学前検診を受けることが肝要である。

　視覚に問題ない前提条件があって、成長期にスポーツを盛んに行うことで、競技特性に合った視覚と身体能力の結びつきが養われ、競技力につながっていくといえる。

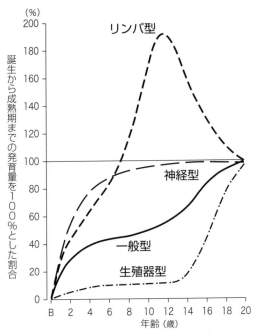

図42　スキャモンの発育曲線（文献40より）

視力と加齢

神経系の変化

　　老化による神経系の変化として、視力低下、聴力低下、短期記憶の低下、反応時間の低下、そしていくつかの情報を同時に処理する能力の低下などがある[41]。これらには脳の中枢神経系の情報処理機能の低下が関与している。

静止視力、動体視力

　　有効視野（必要なものを識別できる範囲）は、加齢によって狭くなっていく傾向がある。加齢によって視力は低下し、動体視力（動きながら動いているものを見る場合の視力）の低下は静止視力より低下の度合いが大きい[42]（図43）。

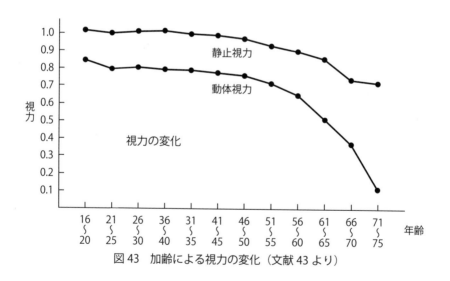

図43　加齢による視力の変化（文献43より）

視力と加齢
視野

　視野には、ぼんやり見えていても意識が集中していない周辺視野（図12）がある。加齢によって視野が狭くなる。とくに高齢になると動体視力の低下と相まって視野がより狭くなる[42]といわれており、さらに周辺視野に対して、視野には入っているが脳が認識しないという傾向がある。

コントラスト

　眼で見てものを判別するためには、対象物の明るさだけでなく、周囲とのコントラスト（明度の差）の違いが重要になる。

　高齢者は、とくに夕暮れや夜明け時にはコントラストが小さいものを見分けることが一層難しくなる[42]。

順応と眩惑
順応

　高齢者は、若年者に比べて順応（眼が明るさや暗さに慣れること）が遅れるため、暗いところから明るいところに出た場合など、しばらく見えにくくなる傾向が強い[42]といわれている。

眩惑

　まぶしさのために一瞬、視力を失うことを眩惑という。眩惑されると元の視力に回復するまでに数秒かかる。高齢者は、眩惑状態に陥りやすい[42]といわれている。

眼の健康

　「眼が健康」とは、病気や外傷がないというだけでなく、良好な状態に保たれていてしっかり機能が発揮できることをいう。そのためには眼を疲れさせないこと、緊張をほぐすことが重要である。

眼のストレッチ

　眼の筋肉の緊張をほぐすストレッチ。

眼のストレッチ①（図44）

1. 左右どちらかの腕を前方に伸ばし、親指を立てる。親指の爪が眼の高さになるように調節する。
2. 両眼で親指の爪を見る。
3. 視線を外さないで、ゆっくり腕を曲げる・伸ばす。
4. この動作をゆっくり繰り返し、見る距離を変化させる。10回、1〜2セット

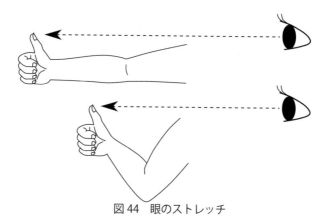

図44　眼のストレッチ

眼のストレッチ②

1. 室内から窓の外の看板や標識などをしっかり読み取る。
2. 視線を室内の手元のものに移す。
3. こうした遠近の視線の移動を、ゆっくり繰り返す。10回、1〜2セット

反応と加齢

　画面上に青、黄、赤の３種類の色を無作為に点灯させ、青色：アクセルを踏み続け、黄色：アクセルから足を離し、赤色：アクセルから足を離してブレーキを踏むという異なる反応で、その反応の正確さを50回の連続動作で測定し誤反応をとった（運転適正検査機材によるデータ）結果、加齢に伴って反応の安定性が低下した[42]（図45）。

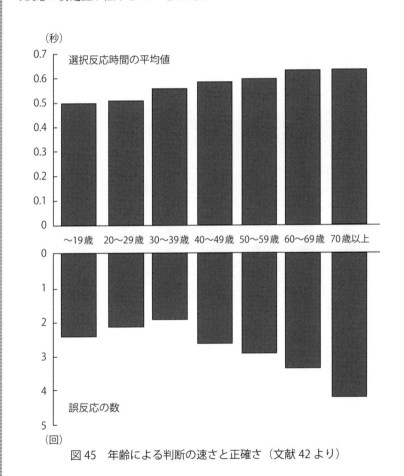

図45　年齢による判断の速さと正確さ（文献42より）

参考文献

1) 加藤洋平ほか：有効視野の評価法に関する研究、人間工学 36巻 Supplement号 p.208-209、2000.

2) 田淵昭雄：両眼視の成り立ち ① 両眼視機能の発達［すぐに役立つ眼科診療の知識　両眼視］、金原出版株式会社、pp3-5、2007.

3) 栗屋忍：両眼視の発達とその障害、視能矯正学改訂第2版、金原出版株式会社、pp190-201、1998.

4) 文部科学省：学校環境衛生基準の一部改正（平成30年文部科学省告示第60号）、2018.

5) 東京都福祉保健局：東京都カラーユニバーサルデザインガイドライン、2011.

6) 大阪府：色覚障がいのある人に配慮した色使いのガイドライン、2011.

7) 文部科学省：学校保健安全法施行規則の一部改正等について（通知）、2014.

8) 独立行政法人 日本スポーツ振興センター：学校管理下の災害［平成30年度版］、2018.

9) 一般社団法人 日本スポーツ医科学検定機構：スポーツ医科学検定公式テキスト、東洋館出版社、2017.

10) 石橋秀幸、橋本健史：新版　野球　肩・ひじ・腰を治す -野球障害で泣かない-、西東社、2015.

11) 武田桜子：アスリートの眼外傷とその予防、臨床スポーツ医学：Vol.32. No.12、2015-12.

12) 尾田十八ほか：野球ボールの衝撃力と変形挙動の解析、一般社団法人日本機械学会講演論文集2004、35-36、2004.

13) 宮浦徹：学校におけるスポーツ眼外傷の実態と対策について、Monthly Book OCULISTA No.58スポーツ眼科 A to Z、全日本病院出版会、p41、2018.

14) 枝川宏：スポーツ眼外傷とその予防について、Monthly Book OCULISTA No.58スポーツ眼科 A to Z、全日本病院出版会、p48、2018.

15) 石橋秀幸：「野球体」をつくる、西東社、2008.

16) 長田夏哉：視野を広げた新たな"ビジョン"［日本スポーツビジョン医科学研究 第1号］、一般社団法人日本スポーツビジョン協会、2018.

17) 枝川宏：スポーツビジョン、臨床スポーツ医学：Vol.18、No.8、2001-8.

18) 佐渡一成：スポーツ眼科を取り巻く問題点について、Monthly Book OCULISTA No.58 スポーツ眼科 A to Z、全日本病院出版会、p9、2018.

19) 白山晰也：スポーツビジョンとは［スポーツビジョン 第2版 –スポーツのための視覚学］、ナップ、2002.

20) 枝川宏：スポーツビジョン測定 I、臨床スポーツ医学：Vol.21、No.3、2004-3.

21) 枝川宏：スポーツビジョンの評価、臨床スポーツ医学：Vol.21、No.4、2004-4.

22) Uchida Y, at al：Origins of superior dynamic visual acuity in baseball players：Superior eye movements or superior image processing. PLos One 7: 1-5. 2012.

23) 森周司、スポーツにおける視覚-認知科学の立場から-、臨床スポーツ医学：Vol.32. No.12 (2015-12)

24) Williams AM, et al：Visual Perception and Action in Sports, E & FN Spon, London, 1999.

25) 森周司ほか、スポーツ選手の知覚：Vision 25：20-25. 2013.

26) 丸尾敏夫ら、眼科診療プラクティクス57、視力の正しい測り方、文光堂、65、2000.

27) 加藤貴昭：眼球運動からみるスポーツ選手の知覚スキル、Monthly Book OCULISTA No.58 スポーツ眼科 A to Z、全日本病院出版会、p51、2018.

28) 高木峰男、飯島淳彦：両眼視の成り立ち③ 立体視の成り立ち b.眼球運動生理学［すぐに役立つ眼科診療の知識　両眼視］、金原出版株式会社、pp21-24、2007.

29) Bahill T et al.: The rising fastball and other perceptual illusions of batters. In: Biomedical engineering principles in sports (ed. Hung G et al.) pp.257-287, Kluwer Academic.2004.

30) Shapiro A et al.: Transitions between central and peripheral vision create spatial/temporal distortions: a hypothesis concerning the perceived break of the curveball. PLoS One. 2010 Oct 13; 5 (10): e13296.

31) 石橋秀幸：野球における目の「錯視」、慶應義塾大学スポーツ医学研究センター ニューズレター 第8号、2011.

32) 前野隆司：脳はなぜ「こころ」を作ったか－私の謎を解く受動意識仮説－、筑摩書房、2010.

33) 川人光男：『脳の計算理論』、産業図書、1996.

34) 枝川宏：トップアスリートの視力と視力矯正、臨床スポーツ医学：Vol.32、No.12、2015-12.

35) 石橋秀幸ら：プロ野球某球団における入団時のスポーツビジョン能力とその後の競技成績の関係、体力科学：Vol.45、No.6、p885、1996.

36) 枝川宏：アスリートの視力と視力矯正について、Monthly Book OCULISTA No.58 スポーツ眼科 A to Z、全日本病院出版会、p6、2018.

37) 石橋秀幸：基礎研究を引き継ぎ、さらなる実践と普及へ［日本スポーツビジョン医科学研究 第1号］、一般社団法人日本スポーツビジョン協会、2018.

38) 梶本修身：すべての疲労は脳が原因、集英社新書、2016.

39) 文部科学省：平成29年度学校保健統計（学校保健統計調査報告書）、2018.

40) 藤井勝紀：発育発達とScammonの発育曲線、スポーツ健康科学研究 35: 1-16、2013.

41) 大西祥平：健康寿命をのばす本、東京新聞出版局、2007.

42) 一般社団法人全日本交通安全協会：わかる 身につく交通教本、2018.

監修者

魚里　博

隈　太可士

坂田　博行

山本　直之

田中　繁

石橋　秀幸

スポーツビジョン医科学教本
改訂版

2019年7月20日　第1版第1刷
2023年2月20日　第2版第1刷

著　者　一般社団法人 日本スポーツビジョン協会
発行者　松葉谷　勉
発行所　有限会社ブックハウス・エイチディ
　　　　〒164-8604
　　　　東京都中野区弥生町1丁目30番17号
　　　　電話03-3372-6251
印刷所　シナノ印刷株式会社